PENDU À AUSCHWITZ

PENDU À AUSCHWITZ

SIM KESSEL

Première édition : èditions Solar, Paris, 1970
Deuxième edition : Les Éditions du Crieur Public GmbH, Hambourg, 2024

www.crieur-public.com

Titelbild : © Yad Vashem
Photo, 4e de couverture : © DR
Design de la couverture : Laurent Tournier
Production et distribution : BOD GmbH, Hambourg

ISBN : 978-3-948325-36-7 (livre de poche)
        978-3-948325-34-3 (Hardcover)
        978-3-948325-35-0 (e-Book)

Table des matières

AVANT-PROPOS

En décembre 1944, j'ai été pendu à Auschwitz.

Le concours de circonstances qui m'a sauvé la vie est exceptionnel, peut-être même unique. Car s'il est arrivé parfois que la corde ait cassé ou se soit dénouée, le sursis accordé au condamné n'a jamais été que de quelques heures. Les S.S. ne pardonnaient pas.

Quiconque a porté le hayon rayé des bagnards d'Auschwitz, était un condamné à mort. Chaque rescapé est un miraculé. Tout au plus peut-on dire que les derniers venus ont surmonté plus aisément l'épreuve, dès lors que la durée de leur séjour n'a pas excédé leur capacité de résistance. C'était pour eux une chance insigne que d'avoir été pris dans les derniers mois de la guerre. Mais ceux qui ont totalisé comme moi vingt-trois mois de bagne sans compter les prisons antérieures, sont extrêmement rares.

La durée moyenne du séjour à Auschwitz ou dans les camps annexes ne dépassait pas trois mois. Auschwitz n'a pas été le seul instrument du génocide. Les autres camps y ont contribué. Toutefois, aucun n'a une telle cadence.

Au-delà de cette période moyenne de trois mois, suffisante pour vider un homme de toutes ses réserves, la survie n'était plus qu'un hasard. Elle résultait d'une succession de coups de dés favorables, chacun assurant un répit de quelques jours ou de quelques semaines.

J'ai été sauvé ainsi cent fois, tantôt échappant à un coup mortel, tantôt bénéficiant d'un secours inespéré. Rayés du monde, nous ne pouvions compter sur aucune des sécurités que crée la loi ou l'industrie des hommes.

C'est pourquoi on ne saurait tirer vanité d'être sorti vivant d'Auschwitz. Il n'y a pas eu, dans cet enfer, survie des meilleurs. L'intelligence, le courage, le savoir, la vitalité ou la passion de vivre ne pouvaient rien changer. À peine peut-on soutenir que les plus habiles ou les moins scrupuleux arrivaient quelquefois à exploiter la conjoncture. La misère commune nivelait tout, effaçait les valeurs, brisait les volontés. Même pour ceux qui bénéficiaient de « planques », obtenues le plus souvent par rencontre et presque toujours temporaires, le destin restait suspendu à la mauvaise humeur d'un soldat ou à la folie meurtrière d'un Kapo.

Je n'ai pas écrit le récit de mon aventure concentrationnaire pour en tirer avantage. Si j'avais l'ambition de me mettre en valeur, j'évoquerais plus volontiers – et plus valablement – les deux années passées avant mon arrestation, dans la résistance parisienne. Ces deux années sont pourtant celles que ma mémoire retrouve avec le plus de complaisance. Elles suffisent à justifier une vie d'homme.

Les camps étaient soumis à une réglementation commune et ce qui se passait dans chacun se répétait dans tous les autres. Seule, variait l'ampleur de la destruction.

Cependant, je crois utile de témoigner. Vingt-cinq ans après la libération des bagnards d'Auschwitz, le procès de leurs bourreaux n'est pas terminé. On a vu, ces temps derniers encore, des juges en acquitter quelques-uns, en condamner quelques autres avec mansuétude. L'enquête, sur chacun d'eux, avait demandé des années.

On avait rassemblé méthodiquement les preuves de leurs crimes. Tous les survivants d'Auschwitz savent qu'il ne saurait y avoir, pour les S.S. qui les gardaient, ni exception dans la culpabilité, ni degré dans l'infamie, quand même on accepterait sans réserve l'excuse, constamment invoquée, de l'obligation d'obéir aux ordres.

Je crois utile que cela soit dit, comme je crois utile que le souvenir des martyrs soit évoqué. Ce souvenir est en voie de s'éteindre. Vingt-cinq ans après, je découvre que des jeunes n'ont jamais entendu parler des camps. Je découvre aussi que beaucoup n'y croient pas. On prétend volontiers que les faits ont été grossis, que c'est un travers commun à tous les prisonniers que d'exagérer les souffrances qu'ils ont endurées, qu'au surplus les S.S. n'ont fait qu'appliquer les lois de la guerre, et que ce qui s'est vu en Allemagne s'est vu partout et de tout temps.

Ces propos, que d'autres déportés ont entendus comme moi ou qu'ils ont lus dans certaines publications, ont de quoi les rendre enragés. Pourtant ces survivants, qui pourraient protester, ne protestent guère. Loin de montrer la trace de leurs plaies, ils n'ont que le souci de n'en plus souffrir.

Encore, les ignorants et les sceptiques ne sont-ils pas les plus révoltants. Il y a ceux qui prêchent le silence volontaire, ceux qui protestent, se plaignent qu'on trouble leur repos, qu'on leur fait respirer l'odeur de la mort, ceux qui expliquent gravement qu'il ne convient pas de remuer un passé assurément déplorable, mais définitivement enterré, ceux qui démontrent que cette exhumation est à la fois funeste et déplacée. Funeste, parce que l'humanité ne gagne rien à ranimer les rancunes et les haines. Déplacée, parce que les Allemands ont fait preuve de leur repentir, et qu'ils se sont engagés dans la voie de la réconciliation.

Je n'ai jamais confondu l'Allemagne avec le nazisme, ni admis que le peuple allemand fût criminel par essence. Dès lors que je condamne le racisme, je serais mal venu de prétendre que les Allemands sont une race à part. Du moment que je refuse le principe barbare de la responsabilité collective, je m'interdis de faire porter à tous le crime de quelques-uns. J'ai connu des Allemands qui étaient bons et humains et j'ai connu des Français qui étaient des tueurs. Il n'y a pas de races ni de nations qui soient spécifiquement perverses. Il y a seulement des hommes qui font de la barbarie un idéal, et de la violence une vertu. Que ces hommes aient régné en Allemagne plutôt qu'ailleurs n'est qu'un des hasards de l'Histoire. Il y a dans d'autres pays des tentatives du même ordre, rien ne démontre ou ne garantit qu'elles ne se renouvelleront pas.

Pour tout homme normalement informé et de bonne foi, il est évident que le principe de la discrimination raciale est scientifiquement absurde ; que la croyance à la hiérarchie des races est insoutenable ; que la destruction systématique de millions de gens réputés inférieurs ; Juifs, Russes, Polonais ou Tziganes, est un crime monstrueux. Ce crime a pourtant pu s'accomplir au vingtième siècle. Cette philosophie insensée a fait des adeptes même parmi les hommes de science. Ce plan d'extermination méthodique a été conçu et appliqué par des hommes civilisés. Rien ne permet d'affirmer que cette idéologie a disparu, ni même qu'elle est en voie de disparaître. Bien au contraire, l'hitlérisme a laissé sa marque dans le monde. Il continue à imprégner les consciences qu'il a contaminées. Pour que le poison s'élimine, il faudra du temps et des efforts.

Les années ont passé sans que je trouve l'occasion et la force de rassembler mes souvenirs. Il m'a fallu d'abord me réadapter à la vie. Trois années de torture quotidienne ne laissent pas seulement des traces physiques. Il faut attendre que la paix de l'esprit se retrouve, que le jugement s'éclaire, et que la volonté se reprenne. Longtemps j'ai fait comme tous les rescapés, j'ai lutté contre l'obsession du souvenir. Je sais par expérience que cette obsession est insupportable. Elle interdit le repos, elle peuple les nuits de cauchemars. Lorsque deux anciens déportés se rencontrent, ils évitent d'un commun accord, de remuer le passé.

Une autre difficulté qui m'a longtemps arrêté, c'est que, pour un tel récit, on ne peut compter que sur sa mémoire. Aucun déporté d'Auschwitz n'a pu prendre et conserver des notes. Il était interdit d'écrire. Du reste, à supposer qu'on en ait eu les moyens, on n'en avait ni le temps, ni le goût. J'ai donc reconstitué, daté et objectivé des événements que j'ai vécus, mais que je n'avais pas alors le loisir de penser.

On ne pourra me reprocher de ne pas être véridique. Ou de ne pas être sincère. Mais j'aurais voulu, sur de nombreux points, être plus précis. Je l'ai été autant que possible. J'ai consulté d'autres déportés. J'ai recensé laborieusement ces survivants épars dans Paris et ailleurs, pour leur demander de confirmer une date ou un fait. Tant on doute, à la longue, de soi-même et tant l'événement lui-même est incroyable !

Il faut comprendre ce scrupule. Sous la défroque du déporté, je n'étais pas le témoin, attentif à tout voir, à tout recueillir et à tout retenir. J'étais une bête traquée, cherchant à sauver sa peau, et cette perpétuelle défense contre les coups, la faim, le froid, la maladie, la vermine, ne me laissait pas le loisir d'observer et de réfléchir. J'ai enregistré passivement, sans essayer de donner un sens à ce qui m'apparaissait jour après jour. C'était beaucoup que d'avoir seulement le minimum d'énergie pour tenir et pour espérer. Ceux qui n'ont pas eu cette force et qui ont sombré dans l'apathie sont morts, par simple refus de vivre, avant même d'avoir atteint le degré de délabrement physique qui les conduisait à la chambre à gaz.

Beaucoup, parmi ces morts, ont été mes Amis. Quelques-uns se sont éteints dans mes bras. – C'est à leur mémoire que je dédie ces pages.

CHAPITRE I

ARRESTATION

J'ai été arrêté le 14 juillet 1942 à Dijon. J'avais, à quelques jours près, vingt-trois ans. C'était mon premier contact avec la Gestapo.

J'aurais pu être pris dans une rafle ou être simplement cueilli chez moi. En fait, j'appartenais à un réseau parisien, et c'est au retour d'une mission de ravitaillement en armes que les policiers m'ont appréhendé.

J'étais entré dans la Résistance le 20 décembre 1940. La rencontre d'un ami d'enfance dans une rue de Paris où je traînais mon désœuvrement, en avait décidé ainsi. Démobilisé depuis quelques jours, je ne savais que faire. Je n'avais connu de la guerre que la longue immobilité de la garde aux frontières suivie de la débandade. Comme des centaines de milliers d'autres soldats, je n'avais pratiquement pas eu l'occasion de me battre. J'en souffrais. Avec l'ardeur et l'inconscience de la jeunesse, je voulais continuer la lutte. Je ne comprenais pas le danger de l'entreprise. Je savais que les hommes de ma race étaient particulièrement visés. Les occupants n'en faisaient pas mystère. Mais je n'ai, à aucun moment, cherché à fuir, ni tenté de mettre ma famille à l'abri. Dès que je vis circuler les premiers tracts et que j'entendis la radio de Londres, je décidai de m'associer à la guerre secrète. J'étais un enfant de Paris. Grandi sur le pavé de la capitale, je ne concevais pas un autre terrain de combat.

Lorsque l'occasion me fut donnée de m'intégrer à un groupe de résistance, j'acceptai d'emblée.

Pendant près de deux ans, je connus la vie périlleuse des combattants clandestins. Je ne raconterai pas ici mes exploits, pas même l'ahurissante tentative qui me conduisit dans les locaux de la *Kommandantur*, place de l'Opéra, avec une bombe dans ma serviette. Une bombe qui d'ailleurs n'explosa pas. Lorsque je me remémore cette équipée, je me demande si mes camarades et moi n'étions pas poussés par une sorte de démence. Une exécution d'otages nous avait inspiré ce projet. Nous étions tout neufs, non encore sensibilisés aux coups durs, soucieux de ne pas passer pour des lâches, soutenus par le vague et absurde espoir que l'ennemi lui-même, s'il nous capturait, tiendrait compte de notre courage.

Lorsque je fus arrêté le 14 juillet 1942, je venais de franchir la ligne de démarcation, porteur d'une valise chargée de pistolets-mitrailleurs. Ces armes provenaient d'un stock secret que mon bataillon avait enterré lors de l'armistice, pour ne pas avoir à le livrer à l'ennemi. J'en connaissais l'emplacement exact. C'était la deuxième fois que je réussissais le double franchissement de la ligne de démarcation, le dépôt se situant au sud de cette ligne, à Neuville-sur-Ain. Un complice, posté au point de passage, m'avait à chaque fois facilité l'opération, en pleine nuit.

Le 12 juillet au matin, j'étais arrivé à Chalon-sur-Saône, avec l'intention d'y prendre mon billet pour Paris. J'avais l'allure aisée et tranquille de quelqu'un qui revient de la campagne par les « trains de beurre », avec du ravitaillement. La valise pleine d'armes pesait à mon bras, mon cœur battait. À peine avais-je pris mon billet des mains d'un employé indifférent que j'aperçus à travers la vitre du guichet de passage sur le quai, le contrôleur de la gendarmerie allemande, reconnaissable à sa plaque sur la poitrine, flanqué de deux civils qui appartenaient à la Gestapo. Il m'était impossible de m'y tromper. J'avais assez d'expérience pour savoir le danger que représentait un contrôle dans les trains. Je ne pouvais faire demi-tour sans me désigner à l'attention des policiers. Je passai sur le quai n'ayant en tête que le souci d'abandonner mon chargement. Je cherchai la consigne, tendis ma valise à un employé qui parut la soupeser à plusieurs reprises, mais ne dit rien. Je reçus un billet de consigne que je mis dans ma poche et m'éloignai.

Je n'osai pas sortir de la gare par le même chemin. Je me dirigeai vers le buffet, m'y assis. Les uniformes vert-de-gris, postés un peu partout, m'ôtaient le désir de chercher une issue ; la peur subitement me prit. Mes jambes ne me portaient plus. Je commençai à boire un café, du moins l'infusion d'orge grillée qui en tenait lieu.

Un cheminot, assis à une autre table, buvait aussi un café et m'observait. Je revois son visage noirci et ses yeux attentifs. Il avait compris que j'étais traqué, angoissé et, de plus, pas assez aguerri pour dominer entièrement mon désarroi. Dehors, sur le quai, une agitation inquiétante se manifestait. Des soldats couraient le long des trains.

Le cheminot s'approcha de moi, une lueur d'amitié dans les yeux. La même intuition qui lui permettait de deviner la terreur de l'homme poursuivi me faisait comprendre son initiative de sauveteur. Peut-être eut-il hésité s'il avait soupçonné ma qualité de « terroriste ». Il devait me prendre pour un fuyard cherchant à passer la ligne. En tout cas, sans hésiter, il acceptait le risque de me faire sortir de la gare sous l'apparence d'un ouvrier. Presque sans nous parler, nous étions d'accord pour nous en aller côte *à* côte, moi portant sa boîte à outils et coiffé de sa casquette, comme deux travailleurs qui ont terminé leur besogne.

— Surtout ne cours pas, nous allons sortir plus loin.

Nous voilà marchant le long des voies d'un pas tranquille. En arrivant devant une sentinelle, il devina mon sursaut, me prit par le bras. Je n'étais pas remis de ma frayeur.

— Ne t'inquiète pas.

Effectivement, la sentinelle ne prit pas garde à nous. Il me conduisit à travers les aiguillages jusqu'à la gare de marchandises. Je sortis de la gare, toujours à sa suite, arrivai bientôt dans un quartier tranquille avec des maisonnettes alignées et des jardinets. Il me montra un pavillon à quelque distance.

J'habite là. Mais je ne peux pas te garder chez moi. Quand les Allemands contrôlent les trains, ils viennent fouiller les maisons des cheminots. File par-là, tu as la campagne à trois cents mètres.

Je me crus sauvé. Naïvement rassuré, parce que j'avais mis quelque distance entre les Allemands et moi, je lui serrai la main et partis non vers la campagne, mais vers la ville, songeant déjà dans ma simplicité à passer de nouveau la ligne de démarcation pour aller chercher un autre chargement d'armes. Je ne mesurais pas l'importance du danger, faute d'avoir une idée des possibilités de la police. En arrivant à la gare routière, je compris vite. Les cars en partance étaient contrôlés aussi sévèrement que les trains. À travers la vitre du café où j'étais entré, je vis des voitures allemandes arriver en trombe et des gendarmes monter dans les cars pour examiner les papiers des voyageurs. Il ne me restait plus qu'à filer de nouveau, saisi d'angoisse. Je compris que la valise aux pistolets avait été découverte et que la police était en possession de mon signalement. La suite des événements devait me le confirmer.

J'ignorerai toujours si le préposé à la consigne m'a dénoncé en signalant le dépôt anormalement lourd ou s'il s'est contenté, une fois la valise découverte, de fournir mon signalement. J'étais assez facile à reconnaître : cheveux blonds, yeux bleus, nez cassé de boxeur.

Il fallait fuir, ce que je fis en évitant les rues principales. Le hasard ou l'instinct me conduisit vers le quartier proche de la gare que j'avais quitté moins d'une heure auparavant. J'espérais y retrouver le mécanicien qui m'avait sauvé. Je ne connaissais personne d'autre à Chalon-sur-Saône. Je me sentais pris au piège, enfermé dans une ville hostile où j'étais incapable de m'orienter, les voies de départ, trains et cars, interdites, les routes ouvrant sur la campagne, probablement coupées par des barrages. Il me restait l'option de demeurer caché sur place en attendant que la surveillance se relâchât.

J'eus la chance de revoir mon cheminot qui rentrait chez lui sa matinée terminée. Je venais de passer deux interminables heures dans un jardinet encombré de broussailles et j'en étais sorti à bout de patience, prêt à tenter n'importe quoi. Mon abri, déjà précaire alors que l'avenue était déserte, devenait dérisoire à mesure que les gens sortant du travail y circulaient. Je vis l'homme sortir sa clef, ouvrir sa porte. Il l'avait à peine refermée que je sonnai. Il m'ouvrit.

J'étais décidé à jouer le tout pour le tout. Je n'avais d'ailleurs pas d'autre ressource. La nécessité de me cacher primait sur toute autre considération. Dans la petite salle à manger où j'étais assis face à mon hôte, je me confiai à lui, lui racontai mon histoire, lui parlai de la Résistance. Je me fis persuasif, j'essayai d'être émouvant. Il m'écoutait, ses yeux clairs fixés sur moi. Je n'avais pas achevé que sa femme arrivait à son tour, rentrant aussi du travail. Il me fallait la convaincre car elle allait disposer de mon destin. Elle ne souleva pas d'objections, mais fit remarquer que c'était très risqué. Plus d'une fois les Allemands avaient fouillé la maison. Le couple avait un fils prisonnier dans un *Stalag*, une fille mariée à Lyon. Tous deux savaient ce qu'était la Résistance, écoutaient la radio de Londres. Dans le monde courageux et dur des cheminots, l'action clandestine éveillait des sympathies, suscitait des complicités et des dévouements. J'eus droit à une petite chambre dans la maison. J'y passai la journée, puis la nuit, puis la journée du lendemain.

À midi, mon hôte m'avertit que l'enquête se poursuivait. On avait interrogé tous les cheminots. On pouvait venir fouiller les pavillons. J'avais intérêt à filer dans la nuit.

Je me rendais compte du risque que je faisais courir à mes hôtes. Avais-je le droit d'exposer la vie ou la liberté d'autrui ?

Au soir du 13 juillet, vers dix heures, je me trouvai sur une route hors de la ville, l'une des moins fréquentées. Le cheminot m'y avait conduit lui-même, ayant constaté d'abord que le passage était libre. Je lui serrai la main. J'avais les larmes aux yeux et je crois bien qu'il pleurait aussi. Il me souhaita bonne chance et disparut.

Je marchai plusieurs heures dans la nuit. Un camion survint, roulant très lentement dans la même direction que moi. Sa lenteur me rassura, il ne pouvait s'agir que d'un véhicule civil marchant avec les moyens du temps. Je l'arrêtai. Un chauffeur, dont je n'arrive plus guère à me remémorer le visage, d'ailleurs peu visible dans l'ombre de la cabine, me fit asseoir près de lui et me conduisit à Dijon. Il n'allait pas plus loin. Je ne sais plus quels propos nous échangeâmes. L'homme ne semblait pas surpris de rencontrer sur la route un gaillard qui faisait du stop à une heure du matin. Du reste, il parlait peu. Il me déposa à l'entrée de la ville, alors que le jour se levait à peine et s'en alla.

Je commençai par me réfugier dans un de ces cafés, ouverts très tôt, où les travailleurs de l'aube se retrouvent. J'y attendis l'ouverture des magasins puis me mis à traîner par les rues. Je vis un coiffeur qui relevait son rideau de fer, m'installai chez lui, me fis raser, couper les cheveux. Je me souviens du sentiment de sécurité que j'éprouvai pendant que le coiffeur s'occupait de moi. Le danger semblait passé. Mon naturel expansif et gai reprit le dessus. Je bavardai joyeusement avec le coiffeur. Après ces journées anxieuses et ces nuits d'insomnie, je croyais avoir retrouvé une vie normale.

Lorsque je quittai la boutique, je ne savais pas ce que j'allais faire. Il importait de regagner Paris au plus vite, mais par quel moyen ? Au premier carrefour, je me vis brusquement entouré par trois hommes en civil.

— Vos papiers !

Aucun moyen de leur fausser compagnie. Je dus pâlir. Je sortis mon portefeuille d'une main hésitante. Mes papiers étaient mes vrais papiers. Je n'avais pas songé à me procurer une fausse identité. À quoi bon ?

— Vous êtes de Paris ? Qu'est-ce que vous faites à Dijon ?

L'accent rugueux de l'homme ne me laissait aucun doute. J'essayai d'expliquer je ne sais quoi, en bredouillant. Ils ne m'en laissèrent pas le temps.

— Suivez-nous !

Je protestai sans conviction. Ils m'entraînèrent. Sous le veston de l'homme qui m'avait interrogé apparaissait la crosse d'un pistolet. Une voiture attendait à cinquante mètres. Ils avaient dû en descendre en m'apercevant. J'y montai, un peu poussé et bousculé parce que je tentais de résister. La voiture démarra. Je ne sais plus combien de temps elle roula ni devant quel immeuble elle s'arrêta. J'essayais d'élaborer un système de défense. On me fit monter un escalier, longer un couloir et on me fourra dans une cellule.

J'entendis la clef tourner dans la serrure. On me laissa là, sans manger ni boire, toute la journée et toute la nuit.

CHAPITRE II

LE TEMPS DES SUPPLICES

Ce que furent mes interrogatoires, tous les résistants capturés le savaient. La Gestapo n'a certes pas inventé la « question ». Elle ne l'a pas perfectionnée. Mais elle a donné à la torture un style spécial. Le tortionnaire allemand était, dans la plupart des cas, un sadique, choisi comme tel ou entraîné à le devenir. Quiconque a eu affaire aux policiers de la Gestapo ou aux S.S. s'en est rendu compte. Ils frappaient pour obtenir des aveux, n'y parvenaient ni mieux, ni plus mal qu'aucune autre police, mais ils frappaient, surtout et davantage, pour la joie de frapper. Je n'ai jamais vu chez eux le moindre mouvement de pitié, ni l'ombre d'un scrupule. Ils se délectaient de la souffrance de leur victime, s'ingéniaient à l'humilier et à l'avilir, se tordaient de rire quand ils avaient brisé à coups de poing la dignité d'un homme, quand ils l'avaient contraint à ramper et à pleurer. L'Allemagne de Hitler avait formé des milliers de ces tueurs, méthodiquement déshumanisés. On imagine ce qu'elle eût fait de cette armée, dans un monde asservi…

Dès le lendemain de ma capture, on me transféra à Chalon-sur-Saône, c'est-à-dire sur le théâtre de mes exploits présumés. En effet, si la Gestapo était convaincue que j'étais bien le « terroriste » à la valise, elle n'en avait pas la preuve. Je soutins hardiment la thèse que j'étais un Juif fuyant vers la zone libre et que j'étais descendu à Dijon, venant directement de Paris, pour trouver un passeur. On m'avait soumis à la fouille, sans résultat. J'avais pris soin de faire disparaître le billet pris en gare de Chalon et le ticket de consigne. Les sommes relativement importantes trouvées sur moi pouvaient accréditer la thèse d'un exil volontaire : il fallait de l'argent pour passer la ligne.

On refusa de me croire. Trop d'indices m'accusaient et la police entendait bien exploiter la capture et me faire parler. Je ne transportais pas des pistolets pour mon seul usage ; je devais appartenir à une équipe. L'intérêt principal était donc d'obtenir de moi des noms et des adresses, pour ouvrir la série des dénonciations en chaîne. Il n'en fallait pas davantage pour détruire entièrement un réseau.

Nous savions ce que pouvait être la torture et les risques que représentait, pour l'ensemble des affiliés, la capture de l'un d'eux. Les pertes déjà subies étaient lourdes. Nous avions donc depuis longtemps essayé de les limiter en réduisant au minimum les points de contact entre nous. Je ne connaissais qu'un petit nombre de camarades. En outre, à chaque mission périlleuse de l'un de nous, il était convenu que, passé un certain délai, les autres devaient obligatoirement changer de résidence et d'identité. Avant mon départ pour Neuville-sur-Ain, nous avions fixé à trois jours le délai de sécurité. Ce délai étant dépassé, j'avais quelques raisons de penser que mes camarades s'étaient cachés.

Je décidai de bien me conduire et j'y parvins. Mais, de tout cœur, je comprends et j'excuse les malheureux qui n'ont pas résisté à la souffrance. J'ai subi sept ou huit interrogatoires pendant la première quinzaine de mon séjour à Chalon-sur-Saône. Il me reste le souvenir abominable d'une grêle de coups de poing, de coups de pied, de coups assenés avec une matraque de caoutchouc et une règle de fer, le tout accompagné de hurlements, d'injures ordurières, de rires hystériques, de commentaires sur l'action et les buts de guerre de l'Allemagne. Si j'ai réussi à ne pas parler, m'en tenant strictement à mon système de défense, je le dois peut-être à ma formation de boxeur professionnel, à l'utilisation automatique des réflexes par lesquels on pare, on esquive ou on amortit, à l'accoutumance à la douleur acquise sur les rings de combat, peut-être aussi à la réaction du boxeur qui n'est un vrai boxeur que s'il s'obstine, persévère dans sa résistance, refuse jusqu'au bout de s'admettre vaincu. Mes bourreaux connaissaient mon passé de pugiliste par mes déclarations et par quelques documents trouvés dans mon portefeuille. Ils en parurent enchantés. Au plaisir sadique de frapper, ils ajoutèrent l'agrément du sport. Ils s'essayaient au crochet et à l'uppercut, prenaient leur élan, visaient à la mâchoire et à l'estomac, se donnant à peu de frais des illusions sportives, sans aller, jusqu'à m'autoriser à me défendre !

Ils ne m'assommèrent pas dès le premier jour, mais jugèrent bon d'observer une progression méthodique dans la torture.

Le premier interrogatoire se passa à peu près sans dommage. Il s'agissait d'établir mon identité et de préciser les raisons qui m'avaient conduit à Dijon. Je déclarai calmement que je cherchais à franchir la ligne de démarcation pour me réfugier en zone libre. Je répondis aux questions sur ma famille, mon passé militaire, mes occupations professionnelles. Je niai formellement avoir la moindre accointance avec la Résistance, et déclarai que je n'avais jamais mis les pieds à Chalon. Je reçus quelques gifles assenées par le gardien qui me conduisait, mais le policier qui m'interrogeait n'insista pas. Je fus très surpris de n'être pas confronté avec des gens qui avaient pu m'apercevoir à la gare. On supposait, apparemment, qu'il n'y avait pas lieu de perdre du temps à des formalités de ce genre et que quelques brutalités suffiraient à obtenir des aveux et des dénonciations.

Je fus conduit en cellule où je passai une nuit difficile malgré l'immense besoin de sommeil qui m'écrasait. J'avais, pour longtemps, perdu le pouvoir de dormir paisiblement, comme on dort à vingt-trois ans.

Le lendemain, en début d'après-midi, retour au bâtiment où siégeait la Gestapo.

Le policier n'était plus seul. Deux autres l'assistaient. Ils examinaient ensemble les pièces d'un dossier et longtemps, ils me laissèrent debout devant eux, comme si je n'existais pas. De temps en temps, ils échangeaient en allemand quelques propos que je comprenais très mal, malgré ma connaissance relative de la langue. Cette longue attente ne pouvait manquer d'ébranler ma résistance en faisant grandir en moi une anxiété de plus en plus insupportable. Enfin, celui qui m'avait interrogé la veille leva les yeux sur moi. Une tête massive d'homme bien nourri, des cheveux taillés en brosse, un regard lourd. Il parlait un français assez correct, mais avec un accent si prononcé que certains mots en étaient déformés et qu'il me fallait deviner leur sens.

Il commença par un discours mesuré de ton, m'expliqua que les francs-tireurs se mettaient en marge des lois de la guerre et que les forces armées allemandes se devaient de les pourchasser avec la plus grande rigueur. Leur action était d'ailleurs vaine et sans espoir, la victoire du Reich ne faisant de doute pour personne ; j'avais tort de nier une action terroriste que j'avais bel et bien accomplie, en dépit de mes mensonges, et qu'il tenait là – il frappait du plat de la main sur le dossier - toutes les preuves de ma culpabilité. Je devais donc normalement être fusillé, mais il m'assurait, lui, la vie sauve, si je dénonçais mes complices.

Il m'affirma que le Reich allemand tenait le plus grand compte de la bonne volonté des patriotes français, s'ils consentaient à soutenir l'effort de guerre plutôt qu'à le contrecarrer. Il parla ainsi assez longtemps. À plusieurs reprises, je tentai de l'interrompre pour protester de mon innocence, mais il m'imposa silence d'un air mécontent. J'eus l'impression qu'il était très fier de s'exprimer avec aisance en langue française, et qu'il cherchait à briller devant ses collègues.

Je niai. Je repris mes explications de la veille qui se perdirent dans le vide. Ils recommencèrent à converser en allemand. Finalement, ils s'approchèrent nonchalamment de moi.

— Alors tu ne veux pas parler ?

La même question me fut répétée plusieurs fois et puis, brusquement, les poings partirent en direction de ma tête. Les premiers coups résonnèrent prodigieusement dans mon crâne et j'essayai instinctivement de me défendre, mais j'avais les menottes aux poignets.

Du reste, les trois hommes se relayaient, chacun visant le point que je découvrais pour faire face à l'autre. J'étais devenu un pantin qu'ils se lançaient de l'un à l'autre et ils riaient joyeusement en frappant.

La première séance ne dura guère. Les bourreaux m'accordaient d'ailleurs des pauses, échangeaient quelques phrases, puis me reposaient la même question.

— Tu ne veux pas parler ?

Et la grêle de coups de poing reprenait, au visage, à l'estomac, dans les côtes, agrémentée de coups de botte lancés à toute volée. Lorsque ces brutes me lâchèrent, j'avais la figure ravagée, les arcades éclatées et saignantes, la lèvre coupée, et les reins brisés. Je pouvais difficilement marcher. On me reconduisit en cellule.

Le lendemain, à la même heure, le policier reprit son discours à peu près dans les mêmes termes. Il conclut que la nuit avait sûrement porté conseil, et qu'il se préparait à enregistrer mes aveux.

Il savait bien ce qu'il disait. Ce n'est pas tellement sur l'instant que les coups font mal. C'est après. À mesure que les heures passent, le corps meurtri se raidit, s'ankylose, cherche en vain une position de repos et se torture à la chercher, car le moindre mouvement arrache un cri. Dans la longue nuit coupée de brefs instants de sommeil, l'angoisse grandit à la pensée du lendemain qui se prépare. Ce n'est pas la mort que l'on redoute, c'est la souffrance que l'on prévoit pire que celle qu'on éprouve, avec, en plus, des mutilations, des dégâts organiques irréparables. En outre, l'impression effroyable d'être seul, perdu, abandonné, misérable, sans la plus petite espérance de secours ou d'évasion. Étendu sur la planche de la cellule, comme une bête blessée et sacrifiée qu'on laisse mourir là, c'est à ce moment que s'insinue dans la conscience, revenant avec obstination, la tentation de parler, de dire un nom, un seul, de dénoncer le camarade le plus insignifiant ou le moins estimé. Tentation sournoise et raisonneuse, qui accumule des arguments, s'alimente de l'inévitable apitoiement sur soi-même, lorsque les larmes viennent aux yeux et qu'on pense à l'immensité du sacrifice consenti.

La résistance morale des prisonniers soumis à la torture, même chez les plus forts, descend par moments à zéro, quand on songe à la sécurité perdue, au foyer, à la mère, à la femme aimée, à la douceur de vivre et qu'on envisage la possibilité de tout retrouver. Les bourreaux m'auraient peut-être arraché des aveux s'ils avaient eu l'astuce de revenir la nuit et de profiter d'un de ces moments d'abandon où je pleurais sur moi-même.

Au matin, j'avais récupéré. Debout devant eux, il me semblait retrouver de nouvelles forces. La terreur, des coups ne suffisait pas à empêcher le sursaut d'orgueil, la révolte de la conscience devant l'infamie d'une dénonciation. Tout bas, pendant que l'Allemand recommençait son sermon, je me répétais à moi-même en serrant les dents : « Je ne parlerai pas, je ne parlerai pas… » C'est à ce moment-là que l'on songe à la tête que l'on ferait devant les autres, à l'accablement insupportable qui suivrait un moment de faiblesse, à la honte pour toute la vie.

L'avalanche des coups revint comme la veille et se prolongea plus longtemps. Pour s'exciter à la violence, les trois hommes m'insultaient à pleine voix, tandis que je hurlais moi-même. Ils m'insultaient dans les deux langues – les injures allemandes pouvant aller plus loin dans l'immonde et dans l'obscène que les françaises. Je n'y prêtais guère attention sur l'instant, occupé que j'étais, à amortir le plus possible les coups que je recevais. Mais j'encaissais de plus en plus mal et ma volonté tendue à l'extrême faiblissait. Je commençais à percevoir à travers un brouillard et à m'abandonner. C'est alors qu'ils s'arrêtèrent parce qu'ils avaient eux-mêmes les poings meurtris. Ils s'armèrent de règles de fer et entreprirent de m'en cingler les fesses après m'avoir incliné le buste sur la table, le corps plié à angle droit, le pantalon descendu. Toujours entremêlant leurs coups d'exhortations et d'injures. Mes hurlements atteignirent leur paroxysme quand je sentis que les coups déchiraient ma chair et je perdis sans doute connaissance car je me revis entraîné hors de la pièce, le visage ruisselant de l'eau dont on m'avait inondé pour me ranimer.

À l'une des séances suivantes, les tortionnaires firent venir du renfort. Ils furent désormais une demi-douzaine à me battre. Ils se renvoyaient mon corps de l'un à l'autre à coups de poing, en riant et s'interpellant comme s'ils jouaient avec un ballon. De ce fait, mon visage devait ressembler à un ballon, tant il était enflé par les coups.

Ce fut à la dernière séance qu'ils se mirent à m'enfoncer des bouts d'allumettes sous les ongles et qu'ils me lardèrent de petits coups de couteau, juste suffisants pour ouvrir des boutonnières dans la peau et faire sourdre le sang. Ils m'avaient ôté ma chemise et cherchaient sur ma poitrine les endroits sensibles. Ils m'annonçaient à tout instant qu'ils allaient m'achever au poignard ou me livrer aux fusilleurs si je persistais à me taire « *Kapout, kapout* ». Dans leurs propos, tout était *kapout* devant la grande Allemagne, les Français, les Russes, les Anglais, les Américains, les communistes, les Juifs. Ils avaient longtemps refusé de me tenir pour un Juif, en dépit de mes affirmations réitérées, sans doute à cause de mon aspect physique, assez conforme au type de l'Aryen blond défini par les théoriciens nazis. Il leur fallut se rendre à la réalité. Quand j'essaie aujourd'hui d'analyser leurs réactions, j'admets que, paradoxalement, ma qualité de juif m'a sauvé la vie, car ils cessèrent de s'intéresser à un cas désormais banal de proscrit fuyant vers la zone libre. Sinon, ils m'eussent torturé jusqu'à la mort. Ils avaient aussi, probablement, des problèmes plus importants à résoudre, d'autres prisonniers à interroger. Je savais que la prison en était pleine.

Je quittai pour la dernière fois la salle, à demi évanoui, traîné ou porté par deux gardiens, aspergé d'eau des pieds à la tête, le sang coulant de partout. Au fond de ma détresse, il y avait par instants, une lueur de joie, une satisfaction ironique : « Je les ai eus. Ils m'ont crevé, mais je les ai eus. » Un peu comme le boxeur à l'issue d'un combat difficile, groggy mais vainqueur. Mais j'étais dans un état de déchéance physique qu'un boxeur n'atteint pas. Le visage tuméfié, couturé de plaies, les yeux à ce point fermés par l'enflure et meurtris par les chocs que je n'y voyais plus, le corps couvert d'hématomes, avec des blessures qui suppuraient. Les coups de règle, outre les meurtrissures sur les fesses qui m'empêchaient de m'asseoir, avaient provoqué le gonflement des testicules, devenus énormes et bleus et d'une atroce sensibilité.

C'est dans cet état que je retrouvai ma cellule où on me laissa tranquille. J'avais vécu une quinzaine infernale, mais j'avais tenu. Je m'étais même, à la longue, habitué. Les coups avaient cessé d'être douloureux, par accoutumance ou par épuisement nerveux. Je ne sentais plus que le grand ébranlement qu'ils provoquaient et d'ailleurs, je flottais dans un état de semi-conscience d'où les bourreaux n'arrivaient plus à me tirer.

À partir du moment où j'eus la certitude qu'il n'y avait plus de coups à redouter, je revins lentement à la vie. Un corps jeune et plein de force ne cède pas si facilement, d'autant que j'avais encore à l'époque l'insouciance d'un gamin. Je me prenais à sourire tout seul de m'en être tiré si bien. Il devenait de plus en plus probable que la Gestapo avait classé mon dossier, remettant à plus tard une décision définitive. Vraisemblablement, il y avait des affaires plus urgentes. Le soupçon qu'on se désintéressait de moi devint une certitude quand je fus transféré à la prison de Dijon.

Mon nouveau logis, comparé aux cellules de la Gestapo, me parut convenable. C'était le confort moyen des prisons françaises, avec une paillasse et des commodités suffisantes. Il y avait quinze jours que je ne m'étais pas lavé, que je ne mangeais presque rien, que mes plaies n'avaient pas été soignées. Le léger costume de drap avec lequel j'avais quitté Paris était dans un triste état, ma chemise et mes sous-vêtements déchirés et d'une saleté repoussante. Je me traînais péniblement pour marcher, courbé en deux, et chaque pas me faisait gémir.

Je fus surpris, en arrivant dans la prison, de découvrir un être humain, sous l'uniforme allemand. Un soldat de la vieille réserve, récemment arrivé en France et employé comme gardien. Il pouvait avoir quarante-cinq ans. Vraisemblablement il voyait pour la première fois un résistant soumis à la « schlague ». Je suppose que sa sensibilité a pu, par la suite, s'émousser, mais, quand il me vit, il parut réellement horrifié. J'étais affreux à voir, avec mes plaies, ma figure boursouflée, le sang séché qui maculait mes vêtements. Pendant le temps que dura ma détention à Dijon – un peu plus de deux mois –, cet homme fut pour moi amical et secourable. Il sut que je parlais un peu l'allemand et s'attacha à moi. Je crois que l'affection qu'il me porta s'expliquait par ses inquiétudes paternelles : il avait un fils sur le front russe. C'était le temps où la *Wehrmacht* subissait des pertes sévères dans sa guerre à l'Est et essuyait revers sur revers. C'était aussi le temps d'El-Alamein et de la retraite de Rommel sur le front d'Afrique.

Ces événements, nous les connaissions. Notre groupe de militants clandestins suivait avec passion les péripéties de la guerre et prenait des informations à bonne source. Avant de partir pour mon expédition en zone libre, il apparaissait déjà que les Allemands avaient perdu la partie parce qu'il était clair que leur expansion démesurée ne pouvait plus se soutenir sur la seule puissance de leurs armes. Ils n'avaient pour alliés que les Italiens, incapables de les seconder en

Afrique et responsables des premières défaites de l'Axe. L'échec devant Moscou avait brisé le mythe de l'invincibilité de la *Wehrmacht*. Le monde savait désormais que la guerre-éclair avait fait son temps, que la parade devenait chaque jour plus efficace et que l'armée allemande allait s'engager dans une longue épreuve où elle périrait, compte tenu des forces immenses qu'elle affrontait.

Je n'ai jamais douté de l'issue finale et cette confiance a renforcé ma capacité de résistance. Ce vieux soldat allemand qui me montra de la compassion n'était pas un partisan fanatique de Hitler. Il n'était ni pour ni contre, comme beaucoup de vétérans de la Première guerre, pas assez jeunes pour avoir subi l'effet de la propagande et de l'embrigadement, pas assez engagés dans une idéologie quelconque, pacifiste ou marxiste, pour être antinazi. Il pensait comme tous les Allemands qui attendaient Hitler à ses actes, applaudissant à ses succès et pleins d'inquiétude et de méfiance devant ses revers, de toute façon accoutumés à l'obéissance et servant leur patrie avec ferveur. Plus d'une fois, il me laissa entendre qu'il n'était pas certain de la victoire de son pays, disant qu'il avait vécu l'épreuve de la défaite et que cela pourrait être pire.

J'ai oublié le nom de ce soldat. J'aimerais aujourd'hui le revoir, s'il vit encore, et lui exprimer ma gratitude. Il venait à la nuit tombée dans ma cellule, cachant dans sa poche ce qu'il avait pu trouver en fait de nourriture, généralement prélevé sur son propre repas.

Dès le premier jour, il m'avait soigné, naïvement indigné qu'on n'eût pas songé à me conduire à l'infirmerie, pas encore habitué à la barbarie des nazis. Il s'était muni de ce qu'il fallait pour faire des pansements et, la nuit, il me déshabillait pour nettoyer mes plaies suppurantes. Je le revois me prenant le pouls ou me passant la main sur le front pour juger de ma fièvre. Je crois bien qu'il n'était qu'un très modeste employé sans compétence médicale, mais il me soigna avec le dévouement le plus attentif. Il me fit du bien peut-être, plus par son amitié que par ses soins. Au bout d'une dizaine de jours, il ne restait presque plus de traces apparentes des supplices qu'on m'avait infligés. Mon visage avait repris son aspect normal, mes plaies s'étaient cicatrisées. Une nourriture suffisante, grâce au complément apporté par mon gardien, m'assura un rétablissement rapide. L'ordinaire de la prison était de qualité médiocre, mais relativement abondant. Je repris assez vite mon poids. Ce qui me resta de l'épreuve subie fut un ébranlement nerveux qui ne pouvait se dissiper aussi aisément. Je n'étais plus en état de penser normalement. Au milieu d'une conversation avec mon gardien, j'étais saisi subitement d'une crise d'angoisse qui prenait presque un caractère hallucinatoire et je me mettais à trembler. Il me semblait que la porte allait subitement s'ouvrir pour livrer passage à mes bourreaux, hurlant et frappant. J'avais beau me raisonner, la peur me submergeait, je claquais des dents, je me couvrais de sueur. Alors le brave homme qui voyait mon trouble s'efforçait de me rassurer, me disait que la guerre allait bientôt finir et que nous retrouverions nos foyers. Souvent il restait de longs moments à me regarder en silence, puis il soupirait et s'en allait.

Il ne parlait qu'allemand, mais nous arrivions assez bien à nous comprendre grâce au peu que je savais et que j'améliorais à son contact. Il me racontait ses campagnes de 14-18, presque constamment sur le front de France, ses blessures, ses hôpitaux. Il me montra des photographies de sa femme, de son fils engagé sur le front russe, de ses deux petites filles. Il y avait sans doute, entre cet homme et moi, tout un monde de différences. Nous nous opposions par la nationalité, par la race, par l'âge, par le tempérament. Il était aussi discipliné, aussi calme que j'étais impatient. Pourtant, nous étions curieusement attirés l'un vers l'autre et cette estime réciproque ne se démentit pas un seul jour. Peut-être n'y eut-il pas d'autre raison à cette estime que l'indignation qui le saisit lorsqu'il me vit meurtri de coups. Il ne comprenait pas qu'on pût battre un homme désarmé. Quand il sut qu'on m'avait labouré la peau avec la pointe d'un couteau et enfoncé des allumettes sous les ongles, il ne cacha pas sa colère. Il m'expliqua qu'un véritable Allemand ne pouvait pas faire ça, qu'on n'avait pas le droit de souiller ainsi la réputation des Allemands aux yeux des peuples étrangers. Il ne s'inquiéta pas de savoir ce que j'avais fait pour mériter pareil traitement et son amitié pour moi ne parut pas le moins du monde refroidie par la révélation de mes origines. Il fut jusqu'au bout cordial et secourable, avec simplicité.

Pendant les trois mois que je passai à la prison de Dijon, je pus m'entretenir avec des Français, enfermés pour des raisons diverses. Dans la cellule où l'on me jeta, il y avait déjà un camarade nommé Weiss, qui fut mon premier compagnon de captivité. Évadé d'Alsace et arrêté au moment où il franchissait la ligne de démarcation, il devait plus tard être incorporé – de force – dans l'armée allemande. Envoyé sur le front russe, il y fut tué. Plusieurs années après, j'ai rendu visite à sa famille. On me révéla que son sacrifice avait été volontaire. Il s'était offert aux balles pour n'avoir pas à combattre pour les Allemands.

Quatre jours après mon arrivée, on enfermait Vinaucourt, arrêté au moment où il essayait lui aussi de passer la ligne pour rejoindre les F.F.L. Je fis sa connaissance pendant la courte promenade du soir, lorsque nous défilions, en colonne par un, dans la cour de la prison et que le hasard nous rapprochait. Je devais le retrouver, sous l'uniforme rayé des bagnards, au camp de Jaworzno.

Je fus autorisé à écrire. Mes lettres passaient entre les mains de censeurs qui tentaient d'y découvrir quelques indices, mais elles parvenaient à destination. Mes parents m'écrivirent. Je reçus d'eux quelques colis qui m'aidèrent à retrouver mes forces. Je sus, par des allusions glissées dans leurs lettres, qu'ils avaient prévenu le réseau.

On m'avait pris ce que j'avais sur moi lors de mon arrestation. Un peu plus de 10 000 francs, la totalité de mon avoir. J'en avais caché la moitié dans un étui à lunettes. Le sergent

qui me fouilla ouvrit l'étui, confisqua la somme et me gifla.
À mon grand étonnement, je devais tout de même récupérer, à mon départ, mon argent. Il me fut d'une grande utilité, pendant le voyage en chemin de fer qui me conduisit à
Paris, au bout de mes trois mois de détention.

CHAPITRE III

DRANCY

C'est à la fin d'octobre qu'arriva l'ordre de départ. Un secrétaire en uniforme, baragouinant un mauvais français, se fit ouvrir la porte de ma cellule pour m'annoncer que je serais transféré le lendemain et que je devais me préparer à partir. Il tenait à la main des papiers couverts de cachets.

— *Nach Paris*, dit-il, et il s'en alla sans s'expliquer davantage.

Je demeurai éberlué, me demandant si je n'allais pas être libéré, mais trop échaudé néanmoins pour m'abandonner à l'optimisme. Je remuai longtemps dans ma tête la nouvelle, essayant toutes les supputations. Entre l'improbable élargissement et le peloton d'exécution, il y avait place pour toutes les hypothèses.

Je m'en ouvris à mon compagnon de cellule. Il n'en savait pas plus que moi. Il songeait surtout qu'il allait rester seul et il en souffrait. Les amitiés qui se nouent en cellule sont poignantes.

Mon brave gardien arriva dans la soirée, porteur d'un petit paquet soigneusement ficelé. Il s'était renseigné. Il m'apportait quelques provisions pour le voyage du lendemain. Mon affaire était passée devant le tribunal chargé d'expédier ce genre de procès : j'étais condamné à la déportation, mais je devais d'abord, comme Juif, être interné à Drancy où se formaient les convois spéciaux.

Telle était la logique allemande. La preuve de ma culpabilité de partisan n'était pas faite, faute d'aveux, mais on pouvait toujours, comme Juif, me condamner à la mort lente. Dans un cas comme dans l'autre, j'avais perdu le droit de vivre.

Appréciable sursis. Ne pas mourir tout de suite, pour un homme jeune et plein de force, joyeux par tempérament, c'est vivre avec ce que cela suppose de possibilités latentes et d'événements imprévus : évasion, effondrement des Allemands, débarquement des Américains… Je ne savais pas que j'aurais encore mille occasions de remâcher ces espérances.

Je pris congé de mon gardien allemand. Il me répéta que la guerre allait bientôt finir, que je reverrais mon foyer. Nous avons pleuré bêtement tous les deux, en nous tenant les mains, puis il se détourna, referma la porte sur nous. Je ne l'ai plus revu.

Le lendemain de très bonne heure, je vis apparaître deux gendarmes français qui me mirent les menottes et prirent possession de moi. Je fus surpris. Je m'attendais à voir des uniformes allemands. J'avais oublié la collaboration. Elle s'exerçait au niveau des gardes-chiourmes.

Ceux-là ne semblaient pas plus mauvais que les autres, ni meilleurs. Ils faisaient leur métier avec application, en observant soigneusement les instructions portées sur le papier qu'on leur avait remis et en évitant les histoires. « Ordre de se saisir de la personne de Sim Kessel, détenu à la prison civile de Dijon (Côte-d'Or) et de le convoyer jusqu'au camp de Drancy (Seine), voyage par fer, menottes aux poignets. » Ils connaissaient par expérience les pépins possibles : tentative d'évasion, résistance forcenée, crise de désespoir, hurlements qui ameutent la foule. J'étais apparemment un de ces jeunes gars costauds et risque-tout, dont il convient de se méfier. À titre préventif, ils me parlèrent gentiment mais fermement, en me faisant comprendre qu'il ne fallait pas leur créer de soucis.

— On est assez emmerdés comme ça !

Je n'avais pas l'intention de leur créer des soucis. Néanmoins, une pensée me torturait depuis la veille :

J'allais me laisser porter vers un destin que j'ignorais et je ne pourrais voir personne de ceux que j'aimais. J'adorais mes parents, ma mère surtout. Il y avait près de trois mois que je ne les avais vus. Dès l'arrivée des gendarmes, il m'était venu à l'esprit qu'ils pourraient me rendre ce service, du moment qu'ils étaient français : me permettre au passage d'embrasser mes parents. Ils ne pouvaient me refuser ça. D'ailleurs, qui le saurait ? Il suffisait, en arrivant à Paris, de passer directement de la gare au métro et d'arriver place Daumesnil. C'était l'affaire d'un instant et c'était si peu de chose. La dernière cigarette du condamné.

Dans le compartiment où nous nous sommes installés, après une longue attente sur le quai de la gare, j'attaque très doucement, en commençant par les propos les plus anodins. Rien de plus normal que de bavarder avec les gendarmes. Aucun règlement ne leur impose de demeurer bouche cousue. Le brigadier est à ma gauche, l'autre à ma droite, celui-ci lié à moi par les menottes. Je ne peux bouger le bras droit sans entraîner le bras gauche du gendarme dans un cliquetis de chaînette. Nous nous servons donc de la main libre pour fumer. J'attaque par des questions insignifiantes et peu à peu je dégèle mes convoyeurs. Mais leur vigilance ne se relâche pas. Quand je demande à aller aux toilettes, il n'est pas question de me détacher. Le gendarme libère son poignet et me passe le bracelet à l'autre main. Ainsi j'ai les deux mains liées l'une à l'autre. Je peux me déboutonner, mais c'est tout. Comment m'évader avec les menottes ? Du reste le gendarme m'accompagne jusqu'aux WC. Il tient la porte entrouverte. Je suis bien gardé.

Retour au compartiment. Nous entamons le chapitre de la guerre. Front russe, front d'Afrique, rumeurs de débarquement… Sur ces différents points, les gendarmes sont parfaitement neutres, écœurants de circonspection. Ils n'ont pas l'air d'avoir appris que Rommel a pris une dérouillée à El-Alamein et qu'il recule jusqu'en Tunisie.

— Nous, vous savez…

Bon, passons ! J'embraye sur la famille. C'est toujours attendrissant. Quand ils en sont au point de sortir les photos de leurs gosses, je sors moi aussi les photos de mes vieux et je présente ma requête : à l'étape *gare de Lyon*, crochet en direction de la place Daumesnil. C'est à deux pas, on ne saurait souhaiter mieux. Le même taxi qui nous conduira place Daumesnil nous transportera ensuite vers la banlieue Nord. Je paierai le taxi, bien entendu… Dix minutes pour embrasser mes vieux.

Mes deux gendarmes, jusque-là cordiaux, prennent un visage de bois. Je n'ai jamais su plaider ma cause devant un représentant de l'autorité. En présence de ces deux-là, à mesure que leur figure se fige, il m'apparaît que ma demande est énorme, exorbitante, scandaleuse, qu'elle dépasse la limite de la décence, qu'elle offense gravement la loi et la morale. Enfin, le brigadier bâille et me dit que c'est impossible.

— Pour nous, dit-il, c'est la révocation. On serait en période normale, je ne dis pas, on n'est pas des sauvages, mais avec l'occupation allemande, vous comprenez… et d'abord, nous, on ne sait pas ce que vous avez fait. L'argument est solide. Ils ne peuvent pas se rendre complices de quelqu'un qui est peut-être un criminel hors-série. Le fait est qu'ils ne m'ont pas interrogé sur mes activités et que, de mon côté, je ne peux me permettre de leur faire des révélations. J'éprouve un tel découragement que des larmes commencent à me noyer les yeux.

Quelques instants plus tard, ils remettent, d'eux-mêmes, le problème sur le tapis, une fois partagées nos provisions de bouche et une bouteille de gros rouge. Ils me disent qu'ils aimeraient bien me faire plaisir, mais qu'ils n'ont rien à gagner dans cette histoire. Ou quelque formule du même goût. J'ai compris. Je sors mon portefeuille et cette fois, c'est assez facile. L'accord est conclu sur la base de 10 000 francs. À l'époque, à peu près six mois de traitement d'un gendarme. Pour moi, c'est toute ma fortune, à quelques centaines de francs près. Je m'étais muni de cet argent parce que je devais prévoir l'adversité. Je pouvais en avoir besoin pour payer un passeur, au cas où le complice posté sur la ligne se fût trouvé empêché ou pour toute autre nécessité. Et voilà que mes compagnons de route ont envie de mon argent. Ils en ont envie de façon obstinée. J'ai beau leur proposer 5 000, ils ne démordent pas du double.

Les passeurs, eux, couraient des risques. Outre les dénonciations possibles, ils avaient à échapper aux mitrailleuses dissimulées dans les fourrés, aux patrouilles qui changeaient leurs horaires, aux chiens lancés sur les pistes.

Mais les gendarmes !

Je n'y ai pas trop réfléchi sur le moment. Je crois même que j'ai eu pour eux de la gratitude, tant ils étaient habiles à faire valoir leur dévouement. Mais pendant les longues nuits sans sommeil des années ultérieures, j'ai repensé à la conduite de ces deux hommes.

Qu'est-ce qu'ils risquaient ? Quand bien même ils m'eussent laissé filer, en simulant une évasion – et cela s'est vu plus d'une fois –, ils s'en tiraient sans grand mal. Je n'en demandais pas tant, seulement dix minutes pour embrasser mes parents. Or, ils me dévalisaient tranquillement, tout en sachant qu'ils me conduisaient à la mort.

Tout compte fait, les hommes de la Gestapo étaient peut-être moins immondes. Passons…

Me voilà donc, en fin d'après-midi, dans la cohue de la gare, enchaîné et soulevant sur mon passage la curiosité furtive des voyageurs. Ils en ont déjà beaucoup vu. C'est une curiosité qui se garde d'insister. On a pris l'habitude de ne pas poser de questions et même de s'éloigner au plus vite. On ne sait jamais. C'est tellement vite fait d'être ramassé dans une rafle, alors qu'on est là par hasard et qu'on regarde innocemment. La peur est partout. Elle s'inscrit sur les visages des gens pressés qui courent sur les trottoirs, sur les visages immobiles des gens qui font la queue. Elle poursuit tout le monde, opposants, collaborateurs ou neutres. Les systèmes de sécurité ont sauté. Personne ne peut plus compter sur personne. Ceux qui résistent ont peur d'être pris, ceux qui collaborent ont peur de l'avenir et ceux qui ne veulent ni de l'un ni de l'autre camp savent que leur neutralité est illusoire et la peur les tenaille d'avoir à choisir.

C'est ainsi que m'apparaît la foule parisienne dans cette fin d'octobre 1942, une foule minée par l'angoisse et par les privations. Il me vient à l'esprit que c'est peut-être la dernière fois que je la vois.

Nous prenons le métro. C'est à trois stations. Voici les rues où j'ai grandi. Ici encore, j'ai honte d'avoir à le rappeler, j'ai soudoyé mes deux gendarmes. Je les ai priés de m'ôter les bracelets pendant la traversée du quartier. L'idée de passer enchaîné devant les boutiques où j'étais connu me consternait. Il fallut parlementer. Les deux compères faisaient semblant d'être intraitables. Alors je leur ai promis des cigarettes, en réserve chez moi. Cinq paquets. Cinq paquets chacun, dirent les gendarmes.

J'ai accepté cette exigence.

Je n'ai pas excédé les dix minutes qui m'ont été accordées. Je n'ai jamais pu supporter de voir pleurer ma mère.

Je reviens avec un léger bagage. Les gendarmes m'ont attendu sur le palier. Nous descendons en silence les sept étages et nous voilà roulant de nouveau dans Paris.

Vers Drancy.

Je suis resté neuf mois à Drancy. Ce camp, où l'on parquait les Juifs avant de les diriger sur Auschwitz, a vu passer des dizaines de milliers de victimes.

Il semble que cette vaste organisation pénitentiaire, aux portes de Paris, n'ait pas eu d'autre utilité que de canaliser le flot des condamnés, d'empêcher l'encombrement d'Auschwitz et de Mauthausen, où les chambres à gaz et les fours crématoires ne suffisaient pas à la besogne, quelque célérité qu'on mît à en construire de nouveaux. On ne pouvait tuer tout le monde à la fois, d'autant plus qu'il fallait, avant de tuer, tirer des condamnés leur puissance de travail au meilleur prix. Il y avait, de par l'Europe, des millions d'hommes, de femmes, de vieillards, d'enfants à exterminer. Beaucoup de ceux qui ont survécu doivent leur vie à cet embarras des Allemands, chargés de trop de chair humaine à liquider, contraints de différer les transports, de remettre à plus tard les arrestations pour éviter l'engorgement de la machine à tuer.

Drancy, avec d'autres camps en France, constituait cette antichambre de la mort. L'autorité française, ou ce qui en restait, ne se contentait pas de tolérer l'infamie. Elle y prêtait obligeamment la main, en déléguant à la garde des condamnés ses fonctionnaires de police et de gendarmerie. Il y eut sans doute, parmi ces gardiens, de braves gens. Il y en eut peu. Les braves gens refusaient d'accepter cet emploi parce qu'il était ignominieux. Ceux qui l'acceptaient essayaient d'en tirer des bénéfices, et ils y réussissaient pleinement. Ils participaient à la gigantesque entreprise de pillage des biens juifs, dont le grand Reich obtenait la part principale, abandonnant quelques dépouilles aux intérêts privés allemands et des miettes aux stipendiés français. Il n'était pas, dans ce vaste entassement de chair condamnée, de désir humain si minime et si facile à satisfaire qui ne rapportât de l'argent à quelque gendarme ou à quelque officier de police. Il y avait un tarif pour passer une lettre en fraude, un autre pour rapporter la réponse. Le prix des petites commodités misérables par lesquelles on tentait d'adoucir son sort en prévision du départ pour l'Allemagne se prélevait sur le contenu des valises hâtivement remplies au moment de l'arrestation. D'où un trafic invraisemblable de bijoux, de montres, de fourrures, de vêtements, qui faisait du camp tout entier un marché. Le tabac et le café constituaient la monnaie de base. On trouvait, dans le troupeau qui vivait là, entassé par vingt personnes et plus dans des chambres devenues sordides, tous les niveaux de la condition sociale, depuis le banquier opulent jusqu'au clochard. Tous savaient qu'à moins d'un miracle ou d'un renversement subit des conditions de la guerre, ils devaient tôt ou tard se retrouver ensemble, nus et dépouillés, dans la plus parfaite égalité. On pouvait s'attendre à ce qu'ils missent en commun leurs ressources ou qu'ils essayassent, dans la mesure du possible, de former un front contre le malheur. Il n'en était rien, ou presque. Quelques hautes consciences s'efforçaient de prêcher la sagesse, mais elles prêchaient dans le désert. La passion de vivre est plus forte que le raisonnement. Elle subsiste contre l'évidence, oppose son délire à la réalité. Je devais voir plus tard, dans les camps d'extermination, des hommes sélectionnés pour la mort, conduits au supplice, se battant pour une bouchée de pain. À Drancy, on se battait pour tout : pour un troc où l'on s'estimait volé, pour une contestation au poker ou au bridge, pour une fille qu'on voulait s'approprier et ne partager avec personne. Le camp était devenu à la fois marché, tripot et bordel ; il n'était pas rare qu'on allât jusqu'au meurtre.

La fameuse solidarité raciale, dénoncée par les théoriciens nazis comme un danger mondial, n'est qu'une légende. Dans un camp comme Auschwitz où les déportés juifs étaient les plus nombreux, ils n'ont jamais réussi à s'organiser. Ils n'ont guère essayé. S'ils se groupaient, c'était par nationalités et ils incluaient des non-Juifs dans leurs groupes, plus soudés par le souvenir de la nation d'origine et par la communauté de la culture que par le lien racial ou religieux.

Les prisonniers de Drancy s'efforçaient de vivre, simplement, selon la loi éternelle du sauve-qui-peut. J'ai vu des libérations s'acheter à prix d'or, grâce à d'étranges combinaisons où trempaient des officiers allemands et des policiers français. La grande doctrine de l'épuration raciale autorisait quelques accommodements clandestins, si l'on y mettait le prix.

Dans la promiscuité imposée aux prisonniers de Drancy, la liberté sexuelle avait pris d'effarantes proportions. La hantise de la mort prochaine servait aisément de prétexte à toutes les audaces, anéantissait les pudeurs et les barrières morales. Des femmes s'offraient à n'importe qui, essayant d'accumuler le maximum de jouissance avant le grand départ, ou d'acheter quelques complaisances. Certaines se prostituaient ouvertement, mettaient leurs faveurs aux enchères moins par besoin que par vice.

J'avais rencontré dans cet enfer quelques anciennes connaissances. J'en fis de nouvelles. Je m'attachai naturellement à ceux qui avaient pris part à des opérations de résistance. Nous avons essayé de former un groupe et de mettre un peu d'ordre dans ce chaos. La tâche se révéla impossible. Il y avait trop de monde. Exercée dans un secteur limité, notre influence était faible. De plus, notre groupe diminuait à mesure que de nouveaux départs s'organisaient et tout était à refaire. De temps en temps un des nôtres, à l'appel de son nom, rassemblait ses affaires et montait dans un camion. Je n'en ai revu aucun.

Nous avions parfois des raisons d'espérer. Les nouvelles filtraient jusqu'à nous. Les barbelés ne suffisaient pas à nous isoler. Notre occupation principale consistait à recueillir patiemment et à recoudre ensemble les lambeaux d'information qui nous parvenaient, et de discuter à perte de vue sur les chances des belligérants. L'Allemagne perdait alors sur presque tous les tableaux. À partir du moment où s'était consommée la défaite d'El-Alamein, l'*Afrika-Korps* avait entièrement perdu l'initiative et se contentait de tenir sur la ligne Mareth. Le 8 novembre, le coup de tonnerre du débarquement anglo-américain en Afrique du Nord nous apporta un regain d'espoir, en même temps qu'une déception. Déception, parce que nous appelions de nos vœux l'invasion des côtes françaises et parce que l'opération en Afrique se doublait d'intrigues politiques dont nous ne saisissions pas le sens. Nos camarades de la Résistance semblaient tenus à l'écart. Presque en même temps nous parvenait l'annonce que les Allemands étaient stoppés à Stalingrad. Cette défaite, dont la presse et la radio asservies s'appliquaient à minimiser l'étendue, nous apparaissait comme un événement de première grandeur, ce qui s'est révélé exact. Nous savions que l'Allemagne commençait à subir de terribles bombardements et, évidemment, nous étions portés à surestimer les possibilités des armées alliées et à prévoir un rapide effondrement de l'ennemi. L'histoire devait en décider autrement.

*

* *

Lorsque mon tour arriva, j'étais déjà un vétéran de Drancy. Malgré les départs et les arrivées incessantes, qui restructuraient tous les jours la masse des internés, j'avais mon réseau d'amitiés et de contacts.

À plusieurs reprises, nous avions songé à des plans d'évasion. Malheureusement, les moyens manquaient. Peu de temps avant mon arrivée au camp, un groupe de militants avaient percé un passage souterrain et quelques-uns d'entre eux avaient fui. La découverte du tunnel réveilla alors la vigilance des gardiens. Il était devenu impossible de renouveler la tentative. Chacun savait quelles pouvaient être les conséquences d'un échec ou, en cas de succès, les représailles qui s'abattraient sur la famille, si celle-ci ne se trouvait pas à l'abri. C'était mon cas.

L'appel de mon nom ne me surprit pas. J'avais, à quelques jours près, prévu la date de mon départ et ce fut presque un soulagement, en dépit des prévisions funestes. L'atmosphère étouffante de Drancy m'était devenue insupportable. Je n'y ai pas souffert ; je n'ai pas eu à subir la torture quotidienne des coups ; j'ai mangé à peu près à ma faim ; je n'ai pas été astreint au travail. Mais il y avait autour de moi cette humanité pitoyable, ces femmes ravagées par la peur, ces enfants… Il m'arrive de rêver des enfants de Drancy, accrochés aux jupes de leurs mères et pleurant sans cesse.

CHAPITRE IV

AU BOUT DE LA NUIT

Le troupeau humain a franchi les barbelés de Drancy. Il y a là près de quinze cents personnes, hommes, femmes et enfants mêlés. De quoi former un convoi. Toutes les classes, toutes les conditions, tous les âges. Les uns en pardessus de bonne coupe, porteurs de valises de luxe, les autres miteux et râpés, un baluchon sur l'épaule. Des femmes, chargées d'enfants, déjà brisées de fatigue et d'émotion. Il y a de tout, des Juifs et des non-Juifs, des résistants et des neutres, des violents et des amorphes. On en a capturé, comme moi, dans la Résistance, presque tous sur dénonciation. On a ramassé des fuyards qui tentaient de franchir une frontière. D'autres dans la rue, au cours d'une rafle, dans leur lit. Il en est qui ne savent pas, qui n'ont rien fait, qui ne sont pas juifs. On les a cueillis chez eux, un beau jour, alors qu'ils s'apprêtaient à se rendre au travail. Ils se sont épuisés à protester, ils se sont heurtés à un mur, on les a matraqués. Alors ils ont fini par se résigner, espérant que l'administration allemande, l'organisation allemande tant vantée, ne manquerait pas de découvrir l'erreur et de les remettre en liberté. Ils mourront comme les autres, dans l'enfer des camps. En attendant ils portent sur la poitrine un insigne : « Ami des Juifs ».

Nous sommes au 18 juillet 1943. Les gendarmes nous livrent aux soldats de la *Wehrmacht.* On nous empile dans des autobus et nous roulons vers la gare. Le hasard préside aux regroupements devant les véhicules. J'ai perdu de vue les quelques compagnons que je connais et qui se sont dispersés dans la foule. Je fais de mon mieux pour aider et réconforter les femmes, embarrassées de leurs enfants et de leurs bagages, déjà gémissantes. Les gens qui sont avec moi, dans cet autobus de la R.A.T.P., je ne les connais pas même de nom. La plupart se recroquevillent dans leur coin, muets et sombres, préoccupés de préserver ce qu'ils ont emporté et qui constitue leur dernière richesse. Mais il en reste qui sont loquaces. Un surtout, un de ces intarissables bavards parisiens, à l'accent typique, au ton sentencieux, au geste assuré, spécialisés dans le développement de l'hypothèse par laquelle on dissipe le mystère, on précise les voies de l'avenir. « Ce qu'on va faire de nous ? C'est simple. Des travailleurs. L'Allemagne a besoin de main-d'œuvre. Le front russe absorbe toutes ses réserves d'hommes. Nous allons prendre la relève des ouvriers pour les usines de guerre et, croyez-moi, un ouvrier qui tourne des obus, c'est aussi utile qu'un soldat. Il faut bien qu'on le nourrisse, pour le rendement. » C'est tout juste si cet optimiste ne conclut pas que, tout compte fait, nous avons la meilleure part. On l'écoute, bien sûr, on s'accroche au fallacieux espoir de vivre dans des conditions acceptables, pendant que d'autres se feront tuer sur le front. Mais chacun sent la détresse l'envahir. Il y a des années que nous entendons parler des camps de concentration. Depuis que Hitler est chancelier du Reich. En 1943, il doit fêter le dixième anniversaire de la conquête du pouvoir.

La pensée de l'évasion me travaille. Si j'étais plus près de la sortie, je tenterais de sauter en marche. Mais on est entassé. Je ne pourrai jamais agir assez vite pour échapper aux deux Allemands armés qui nous surveillent.

Il faut maintenant piétiner devant la gare, une gare que je ne connais pas, puis sur le quai. Partout des soldats. Cette horreur que les Français éprouvent devant l'uniforme des occupants se double chez nous de l'angoisse de l'inconnu. Que va-t-on faire de nous ? Un fort détachement de S.S. cerne tout le secteur où notre train va se former. Voici les mornes wagons de bois : Hommes : 40 – chevaux en long : 8. On va nous entasser là-dedans, non à quarante, mais à quatre-vingts et davantage, mêlés, hommes, femmes et enfants. Il sera temps à l'arrivée de faire le tri. On se contente de nous diriger, en tas, vers la porte ouverte du wagon. Pas question de se faire des politesses, ni d'aider les femmes. Chacun pour soi. Les soldats sont là qui nous pressent, sans trop de brutalité parce qu'on est encore à Paris et qu'il faut soutenir la légende de la correction. Ils nous poussent tout de même : « *Schnell, schnell !* » Le wagon se remplit en deux minutes. Nous n'avons pas encore le temps de nous regarder les uns et les autres que, déjà, les portes sont hermétiquement fermées. La pénombre s'installe. Au bout d'un moment, les yeux s'accoutument, distinguent les fentes qui font des rais de lumière et laissent passer un air parcimonieux. Il faut essayer de s'installer – car le voyage sera long –, démêler ses jambes des jambes du voisin, trouver un coin où poser son bagage. C'est difficile. L'espace est devenu subitement un bien nécessaire, âprement convoité. Il faut envisager la nuit qui vient, songer à l'infime portion de plancher où l'on essaiera de s'étendre, ou de s'asseoir. Il y a bien encore, dans ce troupeau de captifs pressé et comprimé dans la cage de bois, quelques réflexions qui se veulent insouciantes ou plaisantes, mais elles tombent à plat et le silence s'établit, troublé par les plaintes des enfants qui ont peur.

*
* *

Le train s'est ébranlé lentement. Dans les corps tassés les uns contre les autres, la fatigue va s'installer, s'accroître à chaque cahot. On commence par s'excuser d'avoir à gêner son voisin. Mais qui n'est pas gêné ? On cesse rapidement d'être poli. À mesure que l'on a mal au dos, aux fesses, et aux jambes, on cherche à conquérir sournoisement un peu d'espace. On se heurte à la résistance du voisin et on oppose de la résistance au voisin. La température s'élève, parce que le wagon est clos et que la chaleur que nous dégageons s'y accumule. On commence à se débarrasser des vestons, avec des précautions dérisoires pour ne pas les froisser.

La soif ne tarde pas à se faire sentir. Des naïfs espèrent une distribution de vivres et d'eau. Ils n'ont pas encore compris. Quelques-uns ont emporté des bouteilles vite épuisées. Bientôt, elles serviront à un autre usage. Il faudra songer à évacuer l'urine par une fente de la lucarne. Celui qui s'en charge s'y prend mal, répand du liquide sur le plancher, soulève des protestations. On en viendra aux injures. Il faut peu de temps pour que s'écaille le vernis de la correction, sous l'effet de la peur, de la fatigue, de la misère.

La nuit tombe. On espère dormir et on dort en effet, malgré l'angoisse, mais de quel sommeil ! Quand le jour filtre à travers le grillage de la lucarne, on est rompu, écrasé de fatigue et il y a l'étouffante moiteur et l'odeur de plus en plus épaisse et odieuse des déjections. Au cours de la nuit, on s'est débrouillé comme on a pu. Il n'y a pas de tinette. On nous a désigné au départ un chef, un responsable, pour maintenir l'ordre intérieur. Il semblait assez fier de cette mission. Sa fonction va consister surtout, hélas ! à tenter de faire respecter un semblant d'hygiène. On trouvera une grosse boîte métallique qui a contenu des vivres, une sorte de boîte à gâteaux, et on en fera une tinette. Mais l'évacuation de l'ordure pose un affreux problème. En outre, il y a ceux ou celles qui ont vomi à même le plancher. On va vivre des jours et des jours dans l'odeur de l'ordure et bientôt dans l'ordure.

Au cours de la première nuit, quelqu'un a eu l'idée de sonder le plancher à la place où il est couché, vers le milieu. Avec son canif, pendant des heures, il a travaillé le bois, élargi une fissure. À la longue, le plancher a un peu cédé. Au petit matin, il m'appelle. C'est un jeune, un garçon de dix-sept ans, actif et audacieux, prêt à toutes les aventures. Je rampe à travers les corps étendus pour aller jusqu'à lui et j'examine les possibilités d'évasion. Elles sont réelles. En mobilisant quelques hommes hardis, en rassemblant ce qui peut servir d'outils, on peut ouvrir une brèche en quelques instants. Le plancher est épais, certes, mais le bois, à demi pourri, s'effrite. Il ne fait pas encore grand jour. On peut profiter d'un arrêt. Les risques sont énormes, mais n'est-ce pas le moment ou jamais de prendre des risques ?

Déjà nous sommes quelques-uns à nous concerter et nous commençons à peser ensemble sur le plancher qui craque. Mais voilà que des murmures s'élèvent dans notre dos. J'imagine que, dans beaucoup d'autres wagons, les mêmes possibilités se sont offertes et que les mêmes murmures les ont empêchées. Ce sont d'abord les hommes qui protestent d'une voix hésitante et puis les femmes s'en mêlent et le débat s'envenime. Elles ont peur, elles ne veulent pas subir de représailles pendant que les évadés courront la campagne. Leurs voix aiguës dominent le débat.

— Vous êtes fous, vous voulez nous faire fusiller… Elles font appel au responsable. C'est un homme hésitant et craintif qui mesure d'un coup l'ampleur de ses responsabilités et qui tremble. Il n'ose pas s'opposer à la tentative et s'engage dans une discussion qui ne saurait aboutir car tout le monde parle à la fois et l'une des femmes commence à pousser des cris hystériques.

— Appelez les gardiens, mais appelez les gardiens ! Vous voyez bien qu'ils vont nous faire massacrer !

Le train s'est arrêté. Il n'est pas nécessaire d'appeler les gardiens : le bruit que nous faisons attire leur attention. On manœuvre de l'extérieur le panneau qui obstrue la fenêtre grillagée et une tête d'Allemand apparaît.

— *Ruhe !*

Cet aboiement, c'est l'invitation au silence. Nous nous taisons. Quand le train repart, nous essayons encore à cinq ou six de renouveler la tentative, mais les protestations reprennent, la scène recommence. Alors, il faut capituler. Chacun regagne sa place. Nous cédons parce que nous n'avons aucun moyen d'imposer silence à ces femmes, et parce que nous sommes fatigués. L'usure nerveuse, le besoin de sommeil, le besoin de retrouver notre coin et notre repos nous inclinent à la lâcheté. Quand j'aurai, vers le soir, un sursaut d'énergie et que je voudrai sonder le plancher, il ne sera plus possible d'approcher. On a entassé là des valises, prudemment. C'est trop tard.

Cette deuxième journée se traîne dans la mauvaise humeur grandissante. La soif nous dévore. Il nous vient une salive épaisse et gluante. Nous mangeons ce qui nous reste de provisions, en partageant avec les plus démunis le mauvais pain, compact et dur, de l'Occupation, au goût aigre, altéré par le contact avec les effets. Il y a des gâteaux secs que quelques-uns ont reçus de leur famille, avant le départ et qu'ils partagent, moins par charité que parce qu'ils sont devenus immangeables.

Et l'odeur de la sueur, de la crasse, de la merde…

Nous donnerions n'importe quoi pour un verre d'eau. Le train roule, des heures et des heures, avec son bruit régulier et, quand il s'arrête quelque part, nous entendons au-dehors les bruits habituels des gares, des ordres en langue allemande, parfois des conversations. Nous sommes sur le territoire du vainqueur.

Le troisième jour, dans l'après-midi, la porte s'est ouverte, je ne sais pourquoi, au cours d'un arrêt dans une petite gare. Peut-être a-t-on ouvert au hasard deux ou trois wagons, en vue d'une inspection. Il y a des soldats en armes sur le quai. Nous prenons le risque de descendre, à trois ou quatre, à cause des robinets, juste en face, qui nous attirent irrésistiblement. Nous nous bousculons pour les atteindre. Les soldats nous laissent boire. Ensuite, nous faisons la navette avec des bouteilles pour ravitailler le wagon. À toute allure ! Il faut que des appels s'élèvent des autres wagons, car on nous a vus par les lucarnes, pour que les soldats nous pressent de rentrer. Je reçois pour ma part un formidable coup de crosse dans les côtes.

— *Los, los !*

La porte roule et se referme. Quelques-uns ont pu boire, pas tous. Et ceux qui n'ont pas bu disent tout haut leur amertume, comme des enfants. Et les enfants pleurent parce que le peu qu'on leur a donné n'a pas suffi. Cette gorgée d'eau, cette aumône du hasard jetée sur notre détresse n'a rien atténué, rien adouci. Les rancunes qui couvent depuis la veille, depuis le départ, pour des riens, pour des mots, pour des allusions, sont devenues des haines et s'expriment comme telles par des injures, des bourrades et des coups. Nous sommes quelques-uns à conserver un peu de sang-froid et nous nous efforçons de séparer ceux qui se battent, en les obligeant, non sans peine, à changer de place. Dans la masse des corps emmêlés, c'est quelque chose que de réaliser des permutations. Encore sont-elles de peu d'effet. Plusieurs commencent à délirer. Ils se parlent à eux-mêmes, avec des gestes violents.

Dans la nuit qui a suivi, j'ai dormi. Mais il paraît, d'après mon voisin, que des femmes ont été assaillies. Elles ont crié, peut-être pas toutes. Pour certains l'exaspération se traduit en fureur sexuelle. Il faut être fou pour tenter de tels rapprochements dans cette ambiance, dans cette misère, dans cette odeur.

Le quatrième jour s'est levé sur un troupeau de gisants, affalés les uns sur les autres, vidés de leurs forces, asphyxiés à demi par le mauvais air. Nous avons les traits tirés et les yeux rouges. Les hommes ont des barbes de quatre jours. Les femmes sont affreuses, défaites, le teint plombé, les cheveux en broussaille. Le supplice est tel que nous souhaitons l'arrivée au camp comme une délivrance.

Dans la matinée, nous voyons s'ouvrir la lucarne et la tête d'un soldat allemand, coiffée d'un calot, apparaît à travers les barreaux. C'est une tête qui sourit. Ignoble sourire. Ce gaillard va faire avec nous le plus fructueux des commerces. Nous sommes dans une petite gare, sans doute voisine de la zone d'Auschwitz et je suppose qu'à la fenêtre de chaque wagon, il y a une tête semblable, surmontée du calot de la

Wehrmacht. Nous comprenons vite qu'il s'agit de troquer une montre ou un bijou contre un morceau de pain noir. Les échanges se réalisent sans peine parce que plusieurs se rendent compte que, dans l'épreuve qu'ils vivent, un morceau de pain noir vaut plus désormais qu'une montre en or. Le soldat s'est muni aussi d'un bol de lait. Il sait qu'il y a toujours des bébés dans ces cages roulantes. Une scène lamentable éclate entre deux mères qui se disputent le lait. L'avisé commerçant n'y prend pas garde. Son pain et son lait distribués, il examine son butin sans vergogne, les montres surtout, qu'il porte à son oreille. Et il n'a pas l'air d'entendre la supplication qui monte du wagon et que nous entendons sortir des autres wagons.

— *Wasser, wasser*, de l'eau.

Que gagnerait-il à nous donner de l'eau ! Il s'en va et nos cris le poursuivent.

— Salaud, sale boche, voleur…

Nous roulons de nouveau. Les dernières heures. Mais nous ne savons pas que ce sont les dernières heures et nous n'avons même plus la force de désirer la fin du calvaire, même plus la force de bouger quand un tumulte se produit à l'autre bout du wagon. Une femme a tenté de se suicider. Du moins, ceux qui sont près d'elle nous le crient, nous demandent d'appeler des gardiens. Qu'a-t-elle fait ? On ne voit rien, on entend mal, on sait qu'il est impossible d'aller jusqu'à elle. Des renseignements confus se colportent. On se rend compte que la femme hurle, en proie à une crise de nerfs. Les cris s'apaisent.

Le train stoppe. Encore des manœuvres. La longue file des cages de bois vient se ranger le long d'un quai et c'est le dernier cahot. Les portes roulent et s'ouvrent toutes grandes. Mais nous n'avons même pas le temps de nous demander si c'est la fin du voyage. Une ruée, une bousculade, des cris, des coups…

— *Raus !* Dehors ! descendez, laissez les bagages !…

Les premiers descendent, effarés, ahuris, essayant de traîner une valise qu'on leur arrache des mains. Des hommes en vêtements rayés montent dans le wagon, jetant tout le monde dehors à coups de cravache, hurlant comme des possédés, frappant au hasard de toutes leurs forces, sans se soucier des cris déchirants des femmes et des enfants. Ces hommes, ce sont des bagnards d'Auschwitz.

— *Schneller, schneller !* Plus vite !

Comment aller plus vite ? Nous nous piétinons les uns les autres, atterrés par cette férocité inattendue. Les femmes pleurent sous les coups, essaient de protéger leurs enfants. Je suis moi-même cinglé à plusieurs reprises, impuissant à parer les coups, l'épaule meurtrie. Le troupeau misérable et terrorisé est bientôt rassemblé. Derrière, d'autres wagons se vident. Le convoi de Drancy se retrouve tout entier sur le quai d'Auschwitz.

Dans quel état ! J'apprendrai plus tard qu'il y a eu des morts dans certains wagons.

Je cherche à retrouver des figures familières et j'en aperçois, notamment une famille que j'ai connue à Paris et qui cherche désespérément à se regrouper. Mais à quoi bon se regrouper ! Des ordres vont nous séparer.

Un officier S.S. qui parle français dirige la manœuvre. La séparation s'effectue selon un rite que tous les déportés ont connu. D'un côté, ceux qui peuvent marcher, de l'autre les vieux, les infirmes, les femmes chargées d'enfants. Il y a, parmi les déportés valides, une colonne d'hommes à laquelle je m'intègre, une colonne de femmes prend une autre direction. Le reste sera chargé sur des camions.

L'opération s'effectue très vite, sous les hurlements et sous les coups. Au moment où notre colonne s'ébranle, les bagnards aux vêtements rayés finissent d'empiler les valises sur des charrettes.

CHAPITRE V

NACHT UND NEBEL

On ne savait pas encore ce que pourrait être Auschwitz. On imaginait quelque chose de comparable aux travaux forcés d'autrefois, avec quelques sévérités supplémentaires, du moment que nous étions des ennemis à punir, et pour la plupart des Juifs. Notre imagination n'allait pas plus loin.

La propagande hitlérienne avait, de longue date, accrédité la notion de « rééducation ». Les internés ne devaient pas être maltraités, encore moins tués, mais remis dans le bon chemin par des méthodes convenables. Le travail, le sport, la vie rude et saine en pleine nature devaient permettre à la longue de désintoxiquer les esprits. On s'y laissait prendre aisément, en dépit des informations, chaque jour plus nombreuses et plus précises. Aussi bien l'idée du génocide ne pouvait normalement trouver place dans l'univers mental d'un Européen civilisé. On comprend qu'il se trouve encore aujourd'hui des consciences effarées, déconcertées, incrédules, ou qui, sans refuser de croire, refusent simplement de penser ce qui est impensable.

Nous étions des Européens civilisés. Nous savions que nous étions condamnés aux travaux forcés. Nous admettions que quelques-uns d'entre nous pourraient être fusillés. Mais nous étions loin de penser à l'extermination systématique. Le principe fut, paraît-il, décidé par Hitler en 1939 et l'exécution confiée à la puissante organisation des S.S. Nous avions encore cette conviction qu'un être humain doit être respecté, même s'il est vaincu et prisonnier, même s'il est déchu de tous ses droits et condamné à mort. Ceux qui, comme moi, avaient été battus et torturés par la Gestapo, pouvaient encore admettre qu'il s'agissait de sévices exceptionnels, réservés aux seuls coupables et justifiés par l'état de guerre. Nous ne supposions pas que nous serions chaque jour battus comme des chiens et que chaque coup pourrait être mortel.

*
* *

On ne saurait parler d'esclavage. De tout temps, les propriétaires d'esclaves ont veillé à leur conservation. Les nazis n'en avaient cure. S'ils ont réinventé l'exploitation intensive de l'esclave, ils n'ont jamais été menacés de pénurie. Malgré l'extension constante des camps, assez nombreux et assez vastes pour accueillir des millions d'internés, il n'y a jamais eu trop de place. Vider les blocks pour y mettre la nouvelle chiourme fraîchement débarquée fut toujours l'objectif principal. Et, pour vider les blocks, la tuerie et le crématoire.

C'est peu de dire qu'on nous ôta nos droits les plus élémentaires. On nous ôta notre conscience. On nous contraignit à l'infamie. C'est par exception que quelques-uns réussirent à conserver un reste d'humanité ou à demeurer fidèles à une amitié. La plupart apprirent à ramper, à voler et à trahir. Si presque tous les rescapés refusent aujourd'hui d'évoquer leur passé de bagnards c'est que leur mémoire leur rappelle leur indignité plus encore que leur souffrance. On ne s'y résigne guère qu'en l'oubliant.

Lorsqu'on nous rangea en colonne par cinq pour nous conduire au camp d'Auschwitz-Birkenau, nous étions encore des hommes malgré les quatre jours de voyage. Les coups qui pleuvaient sur nous soulevaient encore notre indignation. La même indignation nous saisit lorsque les soldats qui marchaient à nos côtés voulurent nous dépouiller de nos montres et de nos bagues. Ils tâchaient de nous faire comprendre en mauvais français qu'au camp on nous enlèverait tout. Quelques-uns se laissèrent dépouiller parce qu'ils supposaient, dans leur ignorance, que ces soldats seraient leurs gardiens et qu'on pouvait avoir intérêt à se concilier leurs bonnes grâces.

En fait, lorsque nous arrivâmes à destination après une marche de trois ou quatre kilomètres, on nous livra aux kapos. Il nous fallut alors peu de jours pour comprendre que nous n'étions plus des hommes.

Aussitôt arrivés, nous voilà nus comme des vers. Sottement soucieux de préserver ce dernier bien que constituent nos vêtements, imaginant qu'on pourrait nous étiqueter ce modeste avoir en vue d'une restitution ultérieure. Absurde espérance. Tout s'en va, y compris les alliances des hommes mariés et les chaînettes que quelques-uns avaient au cou. Nous sommes nus, en plein vent, honteux de notre nudité et cherchant d'instinct à nous cacher les uns des autres, ce qui est le réflexe normal du civilisé, même accoutumé aux déshabillages militaires. Nous nous y ferons très vite. Comme nous nous ferons au froid, à la pluie qui ruisselle sur notre peau, à la boue qui nous salit les pieds.

Une seconde sélection nous attend. Nous passons devant un médecin en blouse blanche. Il y a encore parmi nous des hommes d'âge mûr et des malingres. Ce qui n'était pas visible sous les vêtements, apparaît maintenant au grand jour. Les poitrines creuses, les jambes grêles, les musculatures insuffisantes, les hernies. On emmène ces hommes, tels qu'ils sont, nus et grelottants. Nul ne les reverra plus. Quand j'apprendrai plus tard que ces malheureux ont été mis à mort, il me reviendra en mémoire qu'il y a eu, sur le quai, des resquilleurs, des hommes valides qui ont demandé une place dans les camions avec les impotents. Ceux-là ont été mis à mort dès le premier jour, pour avoir prévu et refusé la fatigue d'une marche…

L'inspection terminée, c'est le rasage des corps. Une équipe de coiffeurs nous tond des pieds à la tête : la poitrine, le pubis, les testicules, le derrière. Il faut écarter les cuisses et subir l'odieuse opération en public. Les hommes qui nous tondent sont aussi des détenus, eux-mêmes tondus. Ils travaillent méticuleusement, activement, et ils ne parlent pas. Celui qui s'occupe de moi est un Français. C'est la première fois que j'en vois un sous le « pyjama ». J'essaie de le faire parler.

— Bah, dit-il, tu verras bien.

J'insiste. Alors il me dit tranquillement, tout en manœuvrant sa tondeuse, qu'ici on crève comme des mouches. Avec de la chance, je pourrai peut-être me planquer, mais il ne faut pas trop y compter. Une planque, c'est rare et ça se perd vite. En général, on ne vit pas plus de trois mois. Il tâte une seconde mes muscles de boxeur :

— Toi, peut-être, tu pourras durer plus longtemps, un peu plus longtemps…

Il ajoute que lui-même s'attend à retourner en commando, qu'il n'y résistera pas, qu'il est déjà à moitié crevé…

J'hésite à comprendre. L'homme ne rit pas, il n'est pas triste non plus. Il semble qu'il n'ait plus intérêt à rien. J'aimerais qu'il m'explique encore, mais il se contente de hausser les épaules et puis on n'a pas le temps, c'est le tour d'un autre.

On nous rassemble pour la douche. L'eau est trop chaude et subitement glacée. Il faut faire vite. C'est un kapo qui nous gouverne, armé d'un gourdin, toujours criant et nous insultant en allemand, lançant parfois un coup de pied sur un derrière nu. Nous essaierons de nous essuyer en toute hâte dans la même serviette minuscule et mouillée, en grelottant.

J'aperçois là mon ami Abastados que j'ai connu à Paris dans les salles de sport et que j'ai retrouvé à Drancy. C'est un champion culturiste au corps magnifique, un « Apollon ». Il mourra quinze jours après.

On nous tatoue sur l'avant-bras un numéro en nous prévenant que nous aurons à l'apprendre en allemand.

On nous habille, c'est-à-dire qu'on nous jette d'invraisemblables hardes, une chemise, un calot, des galoches et le célèbre pyjama des déportés, rayé bleu sur gris. La chemise est en loques, le calot – ou la casquette – revêt des formes variées, les galoches à semelles de bois nous blessent les pieds et le pyjama, naturellement, n'est pas à notre taille. On tâche de réaliser les plus judicieux échanges pour que les vêtements s'ajustent, mais il y manque des boutons. Il faudra trouver le moyen de réparer, vaille que vaille, avec des bouts de ficelle ou autre chose. Pas sans peine et pas tout de suite. On n'a rien, on ne retrouve rien, on n'a aucun moyen. On est rassemblé pour l'instant dans un block absolument nu où il faudra coucher par terre car c'est encore, nous dit-on, la quarantaine. Les nouveaux ne travaillent pas tout de suite. Il faut quelques jours pour les endoctriner et les préparer à la vie du camp.

Dans ce block, il y a mon ami Henri Bulawko, arrivé par le même convoi. Nous éclatons de rire en nous voyant ainsi accoutrés. Nous sommes l'un et l'autre grotesques, équipés pour un carnaval de cauchemar. Grotesques, pas tellement à cause du costume et de la casquette, mais à cause du contraste. Nous avons encore une tête normale, tondue mais normale, en désaccord avec l'accoutrement. Les quelques anciens que nous avons vus ont des visages gris et décharnés. Ils sont en harmonie avec leur costume. Ils sont poignants, ils ne sont pas grotesques.

Je raconte à Henri ce que m'a dit le coiffeur. Il me dit qu'il a eu lui aussi des confidences du même ordre, mais qu'il faut en prendre et en laisser. Trois mois de survie, ce n'est pas possible ! Que le régime soit dur, il l'admet, un bagnard est un bagnard. Mais que les Allemands s'amusent à nous faire périr, c'est un défi au bon sens. Pourquoi se priveraient-ils délibérément d'une main-d'œuvre gratuite ? Ce raisonnement, c'est la centième fois que je l'entends.

Mais voilà qu'une première colonne de détenus remonte vers le camp et franchit la barrière des barbelés. Ils sont alignés comme des soldats. D'autres colonnes vont les rejoindre et prendre position sur les espaces libres devant les blocks.

En passant devant le poste de garde où siègent les S.S., ils se découvrent d'un geste automatique, arrachent le béret de leur tête. Ils vont parcourir l'allée centrale, puis s'arrêter devant une baraque. Nous allons assister pendant plus d'une heure à l'appel, c'est-à-dire au recensement des hommes qui reviennent du travail et qui doivent figurer en nombre exact dans la minutieuse comptabilité du camp. Ils s'alignent en rangées impeccables, au garde-à-vous, et les kapos armés de matraques les comptent et les recomptent. La nuit est tombée depuis longtemps. Il faut que ces hommes, visiblement épuisés, se tiennent debout, aussi longtemps que les kapos n'auront pas définitivement arrêté leurs chiffres. Au loin, près des barbelés, la silhouette d'un S.S., aux bottes rutilantes, qui tient deux chiens en laisse.

Quand les détenus, enfin libérés, regagnent leurs baraques, nous irons, Henri et moi, malgré la fatigue qui nous accable, rôder dans le camp pour essayer de retrouver des figures connues. À notre grand étonnement, nous n'en voyons aucune. Nous étions certains de retrouver d'anciens prisonniers de Drancy, déportés avant nous. Il n'en subsiste pas. Il est vrai que Birkenau n'est qu'une partie du vaste ensemble concentrationnaire qui porte le nom d'Auschwitz. Ces détenus que nous ne connaissons pas et qui vont se cacher dans les blocks pour dévorer la maigre pitance distribuée, un morceau de pain et un minuscule morceau de margarine – ne parlent pas notre langue. Il y a des Russes, des Polonais, des Tchèques, des Hongrois, tous mêlés et parfaitement indifférents à ces nouveaux venus qui viennent partager leur misère. Il en arrive tant ! Ils n'ont, semble-t-il, que le souci de manger ce pain noir qu'ils mâchent lentement. Nous les verrons ensuite se livrer, par petits groupes, à des conciliabules ou à des disputes, ou grimper sur leurs couchettes superposées pour y dormir.

Dans un block, nous finissons par trouver des Français, des gens que nous ne connaissons pas.

Ils n'étaient pas à Drancy, presque tous ont été pris en province. Quelques-uns sont originaires d'Algérie ou du Maroc. Ils haussent les épaules quand nous leur demandons des nouvelles de ceux que nous avons connus. Ils ne savent pas. Nous commençons à réaliser l'ampleur de ce rassemblement de victimes et le mécanisme inexorable de la destruction. Auschwitz, avec ses dépendances, c'est une très grande ville dont la population se renouvelle sans cesse. L'un de ces hommes va se lever péniblement et nous conduire dans la cour pour nous montrer, au loin, ce que nous n'avions pas encore vu : les cheminées du crématoire, avec leur panache de flammes. Cette odeur que nous sentions par instants, suivant la direction du vent, et que nous ne comprenions pas, que nous sentirons désormais tous les jours, c'est l'odeur des crématoires.

L'homme est renseigné. Il nous explique que chaque convoi arrivant à Auschwitz est aussitôt détruit à soixante-quinze ou quatre-vingts pour cent. Ceux qui ne sont pas en mesure de travailler sont détruits. Les vieux, les infirmes, les débiles, les femmes qui ont des bébés sur les bras, les enfants trop jeunes, tout cela est chargé sur des camions et conduit vers une baraque spéciale qui ressemble de l'extérieur à une installation de douches. C'est la chambre à gaz. Il y a un commando spécial de détenus qu'on charge de ce travail. On ne les voit pas, ils sont parqués à part, ils n'ont aucun contact avec les autres. Mais les informations arrivent à filtrer. On sait que les condamnés sont entièrement déshabillés, hommes, femmes et enfants mêlés, et qu'on les enferme dans une salle où ils meurent immédiatement sous l'action des gaz. Ensuite les hommes du commando, le *Sonderkommando*, transportent les corps au crématoire, après avoir recueilli les cheveux des femmes et arraché les dents en or.

D'ailleurs, les fours ne suffisent pas, bien que les cheminées crachent leur fumée jour et nuit. Le détenu nous affirme avoir vu lui-même, de loin, des fosses immenses d'où s'élevaient des flammes. Les bûchers... Sinon les corps pourriraient sur place. Il y a toujours plus de morts que les crématoires n'en peuvent consommer.

Nous voilà en présence de l'effroyable réalité. Ainsi ce qu'on nous racontait en France, autrefois, et que nous ne voulions pas croire, ce monstrueux massacre d'innocents, c'est là, devant nous, qu'il s'effectue. Nous nous regardons, Henri et moi, les yeux agrandis d'angoisse. Car le détenu ne nous laisse aucune illusion. Nous aussi, nous périrons. Un jour viendra où nous serons inaptes au travail, parce que le travail nous aura épuisés et parce que l'insuffisance des rations alimentaires nous aura réduits à l'état de squelettes. Les débiles, les « Musulmans », nous dit-il, n'ont plus rien à faire au camp. On leur enlève leur défroque et on les enferme tout nus dans la chambre à gaz. Peut-être, ajoute-t-il, si vous savez vous débrouiller, si on vous trouve une planque, si la guerre finit assez vite…

Oui, certes, c'est la première idée qui nous vient à l'esprit. Tout n'est peut-être pas perdu. Qui sait si les Russes ne vont pas déferler jusqu'à nous ! Auschwitz est en territoire polonais ! Qui sait si l'Allemagne encerclée ne va pas subitement s'effondrer ! Notre volonté de vivre n'est pas encore entamée.

Cependant, rentrés dans notre block où, couchés sur la terre humide, nous essaierons vainement de trouver le sommeil, il nous faudra convenir que les chances sont minces. Il est exact que notre convoi est déjà réduit au cinquième. Nous étions au départ environ quinze cents d'après le nombre des wagons que l'un des nôtres a comptés. À l'arrivée, notre colonne, ne comprenait que deux cents hommes. Le groupe des femmes et des filles valides, parties à pied, allait tout au plus à cent. Encore y a-t-il eu une seconde sélection.

Quelques-uns des hommes qui sont avec nous dans ce block de quarantaine, maris ou pères, et qui dorment sur la terre nue, ignorent encore qu'en ce moment même leurs femmes et leurs enfants achèvent de se consumer.

Somme toute, ceux qui sont montés volontairement dans les camions en gare d'Auschwitz pour s'épargner la marche, ils ont peut-être choisi la meilleure part ! À quoi bon éviter aujourd'hui la chambre à gaz, pour y passer un mois, deux mois ou trois mois plus tard après d'abominables souffrances ? Ce sursis vaut-il la peine d'être vécu ? La sagesse n'est-elle pas d'aller se jeter sur ces barbelés qu'on dit électrifiés ? Car il ne s'agit pas seulement d'échapper au malheur, ce qui n'est en somme qu'un souci personnel, donc mineur. Il s'agit aussi de l'intérêt commun, de la cause pour laquelle nous avons combattu. N'est-ce pas trahir cette cause que d'accepter le travail ? Il est hors de doute que les Allemands vont nous faire travailler pour eux. Qu'il s'agisse des mines ou des usines, c'est l'effort de guerre allemand que nous allons directement soutenir et les armes que nous aiderons à forger serviront à détruire tout ce que nous avons voulu défendre.

Couchés et serrés les uns contre les autres, « en sardines » pour gagner de la place, gênés par les courants d'air glacés, par les odeurs putrides qui viennent jusqu'à nous, nous entendons les camarades gémir dans leur sommeil. Nous sommes restés tout habillés. L'ignominieux costume de bagnard a des plis rudes qui blessent la peau et cette toile, que d'autres ont portée avant moi, sent mauvais. Il faut que je m'y accoutume. Il faut que je m'accoutume à mon corps rasé, à ce numéro qu'on m'a tatoué sur l'avant-bras, aux coups, à la faim, à l'épuisement.

CHAPITRE VI

ARBEIT MACHT FREI

J'ai porté l'uniforme rayé des bagnards pendant vingt-trois mois.

J'ai fait près de deux mois à Birkenau, trois mois à Jaworzno qui était également de la dépendance d'Auschwitz, quatorze mois à Auschwitz même, le reste à Mauthausen et à Gusen II.

Sauf les courtes périodes de quarantaine ou les rares séjours au *Revier*, c'est-à-dire à l'infirmerie, j'ai travaillé sans discontinuer, comme une bête de somme, sous les coups.

Au-dessus de la porte du camp d'Auschwitz, il y avait une inscription immense, en lettres de métal, se découpant sur le gris du ciel : *Arbeit macht frei...* Le travail rend libre !

Pendant ces vingt-trois mois, j'ai fait tous les métiers. J'ai transporté des troncs d'arbre sur mes épaules. J'ai attaqué au pic le charbon au fond d'une mine et j'ai poussé des wagonnets chargés sur des pentes raides. J'ai façonné des pièces de tôle sur des formes de bois. J'ai fabriqué des sièges pour les servants de mitrailleuses. J'ai travaillé au montage d'une usine électrique. J'ai peiné dans la boue des marécages. J'ai creusé des fosses et des galeries. J'ai nettoyé des latrines. J'ai chargé sur des tombereaux les cadavres de mes camarades.

J'ai eu les mains et les pieds en sang. J'ai souffert pendant des mois et des mois de dysenterie. J'ai eu des phlegmons énormes, des plaies qui n'arrivaient pas à se fermer, des œdèmes de carence, des gelures.

Je m'en suis tiré parce que j'étais physiquement solide et parce que j'ai constamment lutté contre le découragement. Sans doute aussi parce que j'ai su m'adapter, acquérir les réflexes de défense qui me permettaient d'éviter ou de mieux supporter les coups, de la même façon que les boxeurs esquivent ou encaissent, mais surtout parce que le hasard m'a servi et, dans maintes circonstances, sauvé.

Hasard des affectations qui m'éloignaient d'un camp trop dur ou d'un commando trop surmené. C'est ainsi que je ne suis resté que deux mois à Birkenau qui était, dans tout le territoire d'Auschwitz, le secteur le plus meurtrier. C'est ainsi que j'ai quitté Jaworzno et sa mine de charbon au bout de trois mois. Très peu, je crois, ont pu y tenir davantage.

Hasard des rencontres qui m'ont permis d'éviter les kapos les plus féroces et les S.S. les plus sanguinaires. Il suffisait d'une correction infligée par une main trop lourde – vingt-cinq coups sur le cul – pour crever un homme. Ou la colère d'un S.S. J'ai eu, autant qu'un autre et plus qu'un autre, ma part de punitions : les vingt-cinq coups de nerf de bœuf et les séances de « sport ». Par chance, l'étincelle de haine ne s'est pas allumée dans l'âme des bourreaux et la correction ne s'est pas transformée en assassinat.

Hasard des décisions médicales. Tantôt elles expédiaient directement à la mort les hommes débilités, tantôt elles dirigeaient sur le block expérimental, à l'improviste, une douzaine d'hommes valides. Ceux-là étaient châtrés, ou vivisectés, ou soumis à l'action de piqûres mystérieuses, à titre d'essai. On ne les revoyait plus.

Hasard, enfin, qui m'a mis en présence d'hommes intéressés par mon ancienne condition de boxeur, et qui m'ont tiré d'affaire en deux circonstances capitales.

Ce sont ces hasards, s'enchaînant les uns aux autres au fil des jours, qui m'ont permis d'atteindre le bout de mon calvaire, diminué certes, affligé d'irrémédiables dégradations physiques, mais vivant.

Très peu ont eu cette chance.

Au lendemain de notre arrivée de Birkenau, on vint chaque jour nous endoctriner. Il convenait de nous préparer à l'existence concentrationnaire. Un kapo, assisté d'un secrétaire, s'en chargea. Je devais apprendre à les désigner par leur titre exact de *Blockältester* et de *Blockschreiber*. Le kapo était un Allemand condamné bien avant la guerre, non comme opposant au régime, mais comme assassin. Il ne parlait qu'allemand. Son assistant, le *Schreiber*, traduisait à mesure. Hélas ! cet assistant était français.

Le premier jour, alors que j'écoutais, figé au garde-à-vous, la voix monotone du *Schreiber*, j'eus le malheur de remuer un peu pour me dégourdir les jambes. Le kapo se rua sur moi et me porta un formidable coup de poing à la face. Le coup m'ébranla si fort que je flottai un moment dans l'inconscience. Je savais désormais quel sens il fallait donner au garde-à-vous.

Voici l'essentiel des discours que j'entendis à Birkenau, pendant les quelques jours que dura notre quarantaine. Je les retranscris tels que ma mémoire les a enregistrés, mais je ne puis rapporter les gestes, les mimiques, les éclats de voix de la brute qui discourait devant nous : Vous êtes ici au camp d'Auschwitz-Birkenau. Mettez-vous bien cela dans la tête : vous êtes ici dans un camp de concentration. Ne croyez pas qu'on vous a fait venir jusqu'ici pour mener la vie de château. Un camp de concentration, ce n'est pas un sanatorium. On ne vous apportera pas le petit-déjeuner dans votre lit et vous n'aurez pas une femme de chambre pour faire votre ménage.

« Il vous faudra travailler. On vous fera manier la pelle et la pioche. On vous fera porter des fardeaux. Vous devrez obéir aux ordres des kapos qui dirigent les commandos. Ceux qui accompliront correctement leur tâche ne seront pas inquiétés. On les laissera tranquilles, mais attention à ceux qui montreront de la mauvaise volonté et qui n'obéiront pas aux ordres. Ici, on ne permet pas la désobéissance.

Ceux qui ne voudront pas travailler correctement devront baisser leur pantalon et ils recevront vingt-cinq coups sur le cul, et ceux qui seront pris à saboter seront pendus.

« Ici, il faut respecter les chefs. Les chefs sont vos supérieurs. À côté d'eux, vous êtes moins que de la merde. Il faut exécuter les ordres des chefs immédiatement. Quand vous entendrez *Aufstehen*, il faudra vous lever tout de suite et ne pas perdre votre temps. Si vous arrivez en retard au rassemblement, vous serez punis et quand on vous dira *Antreten*, vous vous alignerez sans perdre une seconde. Sur les rangs, vous vous tiendrez bien alignés et bien droits, les bras le long du corps, et vous garderez la tête haute, sans regarder ni à droite, ni à gauche. Quand on vous dira *Mützen ab*, vous enlèverez votre casquette d'un geste sec, en faisant sonner votre main sur votre cuisse. Et quand vous entendrez *Mützen auf*, vous la remettrez sur votre tête, tous en même temps. Attention à ceux qui ne saurons pas exécuter ce commandement comme il faut ; ils seront punis. Quand vous sortirez du camp pour aller au travail, vous saluerez au commandement et vous saluerez de même au retour.

« Ici, il faut avoir une tenue correcte. Un détenu ne doit pas se tenir comme un cochon. Il doit se laver et prendre soin de ses vêtements et de ses chaussures. Les vêtements et les chaussures, c'est très important. Prenez garde aux voleurs qui vous prendront vos effets. Si vous perdez vos chaussures, vous marcherez pieds nus et si vous perdez votre casquette ou votre pantalon, vous recevrez vingt-cinq coups sur le cul.

« Tâchez de vous laver comme il faut. Ceux qui ne voudront pas se sentir propres recevront des coups de matraque sur les fesses aussi longtemps qu'ils n'auront pas appris à se laver. Attention à ceux qui auront des poux. C'est encore plus grave d'avoir des poux que de saboter son travail. Ceux qui auront des poux, on les enverra à la chambre à gaz et ils crèveront en même temps que leurs poux.

« Vous devez apprendre l'allemand pour comprendre les ordres. Si vous ne comprenez pas les ordres, vous ne pouvez pas les exécuter. Vous devez apprendre par cœur votre numéro matricule et être capable de le dire en allemand quand on vous le demandera. Sinon, vous serez punis. Ici, vous n'avez pas de nom, vous avez un numéro. Il est obligatoire de le savoir par cœur, et de le dire sans hésiter et sans se tromper, et quand on appellera votre numéro, ne faites pas semblant de ne pas comprendre ou d'avoir oublié.

« N'essayez pas de vous évader, c'est impossible. Personne n'a jamais pu s'évader d'un camp de concentration. Si vous essayez quand même de vous sauver, on vous rattrapera tout de suite et vous serez pendus. Vous n'aurez pas fait un kilomètre qu'on vous aura rattrapés. Et ceux qui auront été complices de l'évasion, ou qui n'auront pas averti les chefs, seront pendus aussi. Il est tout à fait impossible de s'évader d'un camp de concentration.

« N'essayez même pas de vous approcher des barbelés. Il y a une ligne que vous ne devez pas dépasser. Si vous la dépassez seulement d'un centimètre, la sentinelle vous tirera dessus sans sommation, et vous serez tués.

« Rappelez-vous que vous êtes ici dans un camp de concentration. Un camp de concentration, ce n'est pas un sanatorium… »

Nous n'avons pas tardé à comprendre que ces menaces n'étaient pas vaines. La réalité concentrationnaire dépassait le tableau qu'on nous en faisait. Il fallait tenir compte des recommandations du kapo si nous voulions nous réserver quelques chances de vivre.

Je me mis à l'étude du *Mützen ab* et du *Mützen auf,* le premier et le plus indispensable des articles du règlement. L'application n'en était pas si simple. Les *Mützen* avaient des formes diverses et certaines se prêtaient mal à l'exécution rapide du mouvement. Il importait que la coiffure épousât bien la forme de la tête, sans la serrer trop étroitement, pour que l'opération se fit sans bavures. Un détenu qui avait l'infortune de laisser tomber sa casquette en saluant était assuré de recevoir une correction mémorable. De même, celui qui perdait sur les rangs une de ses galoches, ces galoches qui faisaient si mal aux pieds et qui n'y tenaient que par une subtile gymnastique des orteils !

Il n'était d'ailleurs pas nécessaire, pour être puni, d'aller jusqu'à ces accidents majeurs. Il suffisait de briser, par maladresse ou par distraction, la cadence du mouvement collectif. Les kapos, allemands pour la plupart et formés, comme tous les Allemands, au respect des rythmes militaires, ne toléraient pas la plus imperceptible défaillance.

Au reste, ils se savaient surveillés et risquaient d'être cassés pour inaptitude au commandement. Un kapo déchu et remis au rang de bagnard, c'était, à brève échéance, un cadavre, car les représailles des martyrs ne pouvaient manquer de s'abattre sur lui. Elles étaient inexorables. C'est pourquoi les kapos frappaient avec ardeur. Les coups pleuvaient sur la tête et les épaules des maladroits. Quelques-uns utilisaient un gourdin, la plupart le *gummi*, le fameux boudin de caoutchouc rempli de sable.

Le retard au rassemblement était une faute inexpiable. Un jour, j'ai vu un détenu arriver après les autres sur les rangs et tenter de s'y glisser sans éveiller l'attention. C'était un retard de quelques secondes. Le kapo s'en aperçut. Il fit de l'index le sinistre petit geste d'appel, en direction de la victime :

— *Komm hier, komm hier.*

L'homme pâlit, hésita, bégaya une excuse.

— *Komm !*

Il sortit des rangs, avança vers la brute qui souriait. Au moment où il se découvrait d'un geste mécanique, le *gummi* s'abattit sur sa tête rasée. Il chancela. Un deuxième coup le jeta à terre. Le bourreau se baissa, le releva, attendit que l'homme, à demi inconscient, eût retrouvé son équilibre, puis il frappa de nouveau à coups redoublés. Quand l'homme fut à terre, étendu de tout son long, les bras en croix, inerte, le kapo appela son collègue du groupe voisin, plaça le *gummi* sur la gorge de la victime et tous deux montèrent dessus. Deux pieds pesèrent de chaque côté sur la matraque. On entendit un craquement.

J'étais devant, au premier rang, muet d'horreur. Je reçus l'ordre d'emporter le cadavre avec mon voisin. Il fallait le déposer dans la chambre pour qu'on pût le présenter à l'appel du soir. Car les morts aussi devaient être présents aux appels.

Par la suite, j'eus cent fois l'occasion d'assister à des meurtres semblables.

J'en ai vu qui sont morts au premier coup de gourdin, le crâne fracturé ou les vertèbres rompues. D'autres qui perdaient connaissance à la suite d'une seule bourrade et qui râlaient sur leur lit jusqu'au matin avant de mourir. Dans ces corps débilités, le cœur ne tenait pas.

J'ai vite compris que les kapos ne choisissaient pas nécessairement leurs victimes. Il y avait des cas où quelque ressentiment personnel dirigeait leurs coups, soit que le détenu eût commis quelque faute ou que sa tête eût déplu. Mais ils frappaient la plupart du temps au hasard. Ils frappaient parce que c'était leur fonction de frapper, parce qu'il fallait terroriser en permanence le troupeau et parce qu'ils y trouvaient du plaisir.

Les kapos étaient les maîtres de la vie et de la mort. Presque tous allemands, condamnés de droit commun, tirés des prisons du Reich où ils avaient purgé de longues peines et transférés dans les camps. Beaucoup appartenaient à Auschwitz depuis sa création. Ils avaient participé à la construction du camp et portaient les plus anciens matricules. Quelques-uns étaient juifs, pas moins féroces que les autres. Féroces, ils l'étaient par nature et par nécessité, du moment qu'une moindre férocité leur eût valu de perdre une situation hautement privilégiée.

Ils touchaient double ration de nourriture. En réalité, ils en avaient autant qu'ils voulaient et pas de celle qui composait l'immonde ordinaire des détenus. Tous unis sur le vaste territoire d'Auschwitz par une étroite complicité, ils trafiquaient de tout. Ils étaient les grands maîtres de l'« organisation » *Organizieren*, c'était vendre, acheter, troquer, filouter, thésauriser. C'était établir des liaisons commerciales à l'intérieur et à l'extérieur du camp. Trafiquer avec les fonctionnaires chargés des magasins où s'entassaient les richesses volées aux détenus, les vêtements, le linge, les manteaux de fourrure des femmes gazées, les bijoux, l'or prélevé sur les mâchoires des morts. Négocier sur les approvisionnements qui parvenaient aux cuisines, où des prélèvements massifs réduisaient les rations des détenus. Passer des marchés avec les entreprises civiles allemandes qui utilisaient la main-d'œuvre du camp ou avec les paysans polonais qui vivaient à proximité.

Les S.S. autorisaient ce trafic parce qu'ils en étaient les premiers bénéficiaires. C'était d'ailleurs à peu près tout ce qu'ils faisaient. Ils trafiquaient et s'enrichissaient. L'administration du camp confiée aux kapos, ils prélevaient la part du lion. On les voyait rarement. Occupés de leurs vols, de leurs jouissances, de leur bordel, les seigneurs ne faisaient parmi nous que de courtes apparitions, généralement pour punir des coupables ou pour présider aux sélections.

Il y avait un bordel à Auschwitz, réservé à quelques kapos privilégiés. On y rassemblait des filles prélevées sur les convois. Elles n'y faisaient pas long feu en raison du régime abominable auquel on les soumettait. Il n'était pas question que les détenus fussent autorisés à y entrer. Accablés de fatigue et de coups, affaiblis par la dénutrition, minés par la dysenterie, ils n'avaient plus de désir sexuel. Leur imagination ne travaillait plus que sur le mirage alimentaire. C'était, pour beaucoup, la récréation du soir. Ils se racontaient des recettes de cuisine ou inventaient des menus de banquet. Plusieurs, revenus des camps, n'ont pas retrouvé leur virilité.

Les kapos, en revanche, bien nourris et dispos, excités par les coups qu'ils donnaient, concentraient dans la vie sexuelle leur appétit de jouissance. Ces brutes s'assouvissaient de toutes les façons, la plus commode consistant à adopter un giton, un jeune détenu. Il y avait hélas des adolescents parmi nous, même des enfants. Pour peu qu'ils fussent agréables à regarder, ils étaient sodomisés par les kapos qui leur choisissaient des planques et leur donnaient de la nourriture en supplément. Ces *peoples* – on les appelait ainsi – n'étaient pas pour autant assurés de survivre. Quand ils avaient cessé de plaire, ce qui arrivait très vite, ils étaient rejetés dans la chiourme et ils y mouraient en peu de temps.

J'ai vu de loin, au hasard des corvées, passer des équipes de femmes du camp voisin. Si les hommes étaient défigurés par la misère, les femmes l'étaient encore plus. Elles n'avaient plus rien d'humain. Habillées comme nous de la tenue rayée, elles couvraient leur tête rasée d'un fichu. Elles allaient comme nous au travail, en colonne par cinq, au pas cadencé, et elles chantaient. Elles chantaient, en allemand, des chansons de marche, vives, alertes, joyeuses. Et elles étaient visiblement exténuées, squelettiques, mourantes. Sur les flancs de la colonne, les femmes-kapos hurlaient des ordres et maniaient la cravache.

Je n'ai eu que quelques occasions d'entrevoir des femmes. Je n'ai jamais eu la possibilité de leur parler. Je sais pourtant qu'il y a eu des rencontres secrètes, rares et furtives, entre détenus des deux sexes.

*

* *

Nos rations alimentaires, partout les mêmes dans le monde concentrationnaire, consistaient, le matin, en un bol d'eau chaude baptisée café, un litre de soupe à midi, un morceau de pain le soir, accompagné – pas toujours – d'une mince rondelle de saucisson ou d'un petit cube de margarine. Ce morceau de pain constituait notre aliment essentiel. La ration allait de deux cents à trois cents grammes. Le pain était noir et grossier, parfois moisi, mais il était la seule nourriture consistante. Certains possédaient des couteaux rudimentaires, formés avec des bouts de fer patiemment aiguisés et ils coupaient ce pain en minces tranches pour le faire durer. Mais il fallait se garder de toute négligence. Il y avait des misérables que la faim tourmentait plus que les autres et qui furetaient partout pour voler. Ils raflaient aussitôt ce qui n'était pas surveillé et se sauvaient dans un coin pour engloutir le produit du vol. Cela donnait lieu souvent à des batailles que les kapos sanctionnaient par des coups, en tapant au hasard, comme on met de l'ordre dans une meute de chiens. Quand ces malheureux tenaillés par la faim ne trouvaient rien à dérober, ils s'en allaient le soir du côté des cuisines pour ramasser, s'ils en trouvaient, des épluchures. Ils mangeaient n'importe quelle ordure. Il m'est arrivé, souvent, de faire comme eux. Très souvent.

La soupe de midi était faite de rutabagas ou de carottes bouillies. On y trouvait parfois des pommes de terre. Mais la matière solide des légumes ne formait qu'une faible part. Ce litre de soupe n'était qu'un litre d'eau. Qu'importe, nous y tenions. Au milieu de la rude journée de travail, la soupe nous apportait une détente et un réconfort. Elle était généralement insipide ou amère, parfois puante, mais nous y tenions. Il fallait se présenter correctement pour la recevoir et se garder d'être distrait car la louche pouvait s'abattre sur la tête du coupable ou, plus simplement, déverser son contenu à terre et la ration était perdue.

J'ai vu un S.S. furieux empoigner un pauvre diable par les épaules et le tuer en lui plongeant la tête dans la cuve emplie de soupe. C'était un jour où j'avais été désigné de corvée de soupe, avec un autre. Il s'agissait d'aller aux cuisines pour y recevoir la cuve à deux anses, remplie de liquide bouillant. Bonne affaire que cette corvée, car elle pouvait autoriser l'octroi d'un supplément. Mon compagnon, en butant sur un obstacle, lâcha l'anse qu'il tenait et un peu de soupe se répandit. La valeur d'une ou deux louches. Le destin était là, sous l'apparence d'un S.S. qui traversait la cour. Il s'approcha, hurlant des injures, enfonça la tête de l'homme dans la cuve. Le malheureux se débattit, pas longtemps. Les cris qu'il poussait s'éteignirent. Bientôt il ne bougea plus. Le S.S. laissa le corps tomber à terre et s'en alla, en effaçant sur sa manche une éclaboussure avec son mouchoir.

J'ai assisté à ce meurtre, comme à beaucoup d'autres, immobile et au garde-à-vous. Un seul geste pour défendre mon camarade, un seul mot de protestation, c'était m'offrir, moi aussi, à l'assassinat.

*
* *

Le café du matin, un quart de litre d'eau chaude, me servait pour mes ablutions. Je m'y trempais la figure. En hiver, c'était précieux. J'ai vu des pauvres diables y tremper et laver leur verge, que la saleté, la misère physiologique, le manque d'hygiène faisaient enfler de façon monstrueuse.

*
* *

Certains arrivaient parfois à se débrouiller pour avoir quelque supplément de ration. Ces profits étaient rares et minuscules, mais ils contribuaient à nous faire durer. J'ai eu deux ou trois fois des occasions heureuses. Par exemple, il m'est arrivé d'entrer en contact avec un prisonnier anglais, utilisé comme travailleur dans l'une des usines d'armement. Il disposait de ressources parce qu'il recevait des colis, ce qui nous était, naturellement, interdit. Le peu qu'il me donna me permit d'augmenter mes rations pendant quelques jours, grâce à d'utiles échanges. Une autre fois, je réussis à me procurer une petite provision de tabac, en échange d'un service rendu à un civil polonais. La valeur de deux paquets de cigarettes. Ce tabac m'eût permis de manger pendant des jours. Hélas ! je n'eus pas la chance de l'utiliser. Le S.S. qui me fouilla ce jour-là – il nous arrivait assez souvent d'être fouillés sur les rangs – aurait pu me tuer sans autre forme de procès, à coups de poing ou de matraque, du moment qu'il me pinçait en flagrant délit. Il se contenta de me gifler violemment à deux reprises et il empocha le tabac. Si la correction était bénigne, la perte était énorme.

*

* *

À côté de Birkenau, le camp central d'Auschwitz pouvait passer pour supportable. Birkenau était le comble de l'horreur. Les détenus s'entassaient par milliers dans des blocks de bois où régnait en permanence une puanteur abominable. Les latrines étaient des fosses profondes où l'ordure s'entassait. Il y avait aussi, dans les blocks, des baquets qui servaient au même usage. Il arrivait que des prisonniers y tombassent, quelquefois par faiblesse, le plus souvent parce qu'un S.S., passant par-là, s'amusait à y enfoncer un homme accroupi. Le malheureux n'en pouvait plus sortir et y crevait.

Aucun camp n'a connu un rythme d'extermination aussi rapide. Les fours crématoires – on en avait construit quatre en 1942 – ne suffisaient pas, malgré l'appoint des bûchers, car il fallait sans cesse faire de la place pour les nouveaux convois. Dans les lits à trois étages, l'encombrement était tel que les détenus dormaient les uns sur les autres. On ramassait chaque jour des cadavres dans les dortoirs ou sur les chantiers.

À Auschwitz, si la nourriture était aussi pauvre et le travail aussi rude, l'habitat avait meilleur aspect. Nous étions logés dans des blocks en brique à un étage et ces blocks, dont les murs étaient peints de couleurs claires, comportaient des lavabos et des WC. Il y avait pour les déportés environ vingt-cinq blocks, chacun contenant un millier d'hommes en temps normal, presque le double en période d'affluence. Le minimum de propreté qu'on arrivait à maintenir dans ces bâtiments contribuait sans doute à réduire la mortalité. En outre il y eut des périodes d'adoucissement relatif du régime. Tel nouvel officier supérieur S.S., prenant le commandement du camp, décrétait qu'il fallait mettre un terme aux brutalités et les coups cessaient pendant quelques semaines, mis à part, bien entendu, les corrections disciplinaires qui subsistaient. Mais cela ne durait pas et, de toute façon, n'empêchait pas l'extermination par la famine et par l'épuisement. Il fallait alimenter les crématoires et les sélections allaient bon train.

Un orchestre rythmait les évolutions des commandos. La première fois, j'en fus stupéfait. Le départ au travail se faisait en musique. Le retour se faisait en musique. Les pendaisons se faisaient en musique. Ainsi, deux fois par jour, davantage dans les grandes occasions, on entendait de la musique. L'orchestre jouait sur une estrade, à peu de distance de la porte d'entrée : Les musiciens étaient, bien sûr, des détenus comme nous, revêtus du pyjama, pas beaucoup moins décharnés. Ils jouaient des valses classiques, ou des marches militaires, ou les derniers succès de la chanson. Cela permettait de rythmer le pas des commandos partant vers les chantiers ou de créer un climat de cérémonie, au moment des exécutions. Je n'ai pas eu l'occasion d'approcher ces instrumentistes, presque tous hongrois, quelques-uns, paraît-il, artistes réputés dans leur pays. En dehors de leur orchestre, on les utilisait probablement comme *Stubendienst*, pour le nettoyage des chambres ou quelque chose de semblable et leur sort était moins rigoureux. Mais ils respiraient le même air que nous, ils avaient comme nous la peau grise, l'air morne, le regard vide. Le chef qui les dirigeait agitait les mains comme un automate. Quand c'était fini, ils rangeaient leurs instruments et s'en allaient au pas cadencé.

Pourquoi cette musique ? Pourquoi aussi les parterres de fleurs, soigneusement cultivés, autour de certains blocks ? Sans doute le côté romantique de l'âme allemande qui jamais ne perd ses droits, même au voisinage de la mort.

Crasse et puanteur à Birkenau, souci de propreté et même d'élégance à Auschwitz, il y avait là des problèmes que nous ne cherchions pas à résoudre. Au reste, peu de détenus eurent, comme moi, la chance de durer assez longtemps pour faire des comparaisons. De toute façon, on crevait de souffrance, de faim, de désespoir. La propreté et l'élégance d'Auschwitz ne nous empêchait pas d'avoir des poux.

On nous rassemblait périodiquement pour le *Laus kontrol,* ou contrôle des poux. Il fallait se soumettre, tout nus, à un examen minutieux des régions du corps où la vermine pouvait se cacher, montrer ses aisselles, écarter les cuisses. Les coupables étaient cruellement punis. Lors d'une épidémie de typhus, les malades furent isolés et parqués dans une salle nue, sans nourriture et sans soins. Il en mourut des centaines. On venait chaque matin charger les morts sur une charrette à bras. Ceux qui s'en tirèrent le durent au dévouement d'un ami qui allait les soigner en cachette.

Dans l'argot des camps, on appelait *musulmans* ceux qui parvenaient au dernier degré de la faiblesse et de la maigreur. J'ai pesé, à certaines périodes, moins de trente-cinq kilos, alors que mon poids normal s'élevait à soixante-dix. Mais on pouvait descendre au-dessous. À ce stade, le détenu n'était plus qu'un squelette. On comptait distinctement les os sous la peau amincie. La mâchoire se voyait sous les joues. La peau fripée pendait sur les cuisses. Les morts allongés nus dans les tombeaux ressemblaient étrangement à des serpents. Ce spectacle ne troublait personne parmi nous, tant on s'était accoutumé à l'horreur, mais les premiers soldats américains qui nous aperçurent plus tard, à Gusen II, furent épouvantés.

Périodiquement, un médecin militaire allemand passait parmi les bagnards et procédait à la sélection. Elle ne consistait qu'en l'établissement rapide d'une liste de numéros matricules. Ceux qui figuraient sur cette liste savaient ce qui les attendait. Ils ne protestaient ni ne gémissaient. Ils étaient las, autant qu'il est possible de l'être. Ils se mettaient en rang en flageolant sur leurs jambes – même dans cette circonstance ultime, il fallait de l'ordre et du pas cadencé – et ils s'en allaient vers leur destin.

Je crois que tous les sélectionnés ont éprouvé ce que j'ai moi-même éprouvé, car j'ai été inscrit à deux reprises sur la liste des condamnés. Pendant les jours ou les heures qui précèdent, c'est le tourment, la peur, la supputation des chances, le travail désespéré de la mémoire sur les souvenirs heureux et les visions familiales, l'inévitable apitoiement sur soi-même. Mais quand la voix neutre de l'infirmier a lu, en allemand, le numéro sur la liste, c'est le paradoxal soulagement. C'est fait, c'est terminé, c'est réglé. Il n'y a plus de problème, plus d'incertitude et plus d'angoisse. Il ne reste que l'impatience d'en finir et l'effort de ne penser à rien. Et les condamnés s'en vont d'un pas faible, mais sans gémir ni tourner la tête.

Avant, bien sûr, on essaie d'échapper. On cherche des moyens, on voudrait trouver des protections. On tente de donner le change sur son état. J'ai vu de pauvres diables se frapper violemment les joues, en attendant leur tour, pour faire monter le sang à leur visage et se donner pour un instant l'apparence de la santé. Pitoyable défense. Le médecin ne regardait même pas le visage.

*

* *

Rares étaient ceux qui, volontairement, appelaient la mort. Il s'en trouvait. Certains, à bout de résistance morale, se sont rangés d'eux-mêmes dans le groupe des condamnés. Ou bien ils allaient se faire mitrailler par la sentinelle du mirador. On m'a cité le cas d'un détenu qui s'est jeté d'une hauteur de trente mètres dans la carrière où il travaillait, s'agrippant aux épaules d'un S.S. et l'entraînant dans la mort.

J'ai tenté longtemps de grouper les éléments d'un organisme de résistance. Je n'étais pas, on le conçoit, le seul à y penser. Dans tous les convois qui venaient de France, de Pologne, de Grèce, et aussi parmi les politiques allemands, soumis au même sort que nous, il y avait des partisans. La mise sur pied d'un réseau pouvait permettre le contact avec les maquisards polonais et l'organisation d'une chaîne d'évasion. En outre il n'était pas sans intérêt d'envisager, à l'intérieur du camp, un système d'aide mutuelle destiné à garantir la survie des affiliés. Les nouvelles qui filtraient jusqu'à nous, dont la source semblait être surtout le camp de femmes de Birkenau, plus que les autres en contact avec la population civile, nous renseignaient régulièrement sur les échecs successifs des armées allemandes et sur la progression des forces russes. Il devenait chaque jour plus nécessaire d'envisager la révolte ultime des bagnards, le soulèvement de la dernière heure, en liaison avec les avant-gardes soviétiques.

C'était malheureusement impossible. Il y a bien eu, au mois d'octobre 1944, un soulèvement du *Sonderkommando* aux crématoires de Birkenau, mais les conditions de vie y étaient différentes. Les huit cents hommes du *Sonderkommando*, presque tous Juifs polonais, hongrois, strictement isolés à l'intérieur du territoire concentrationnaire, formaient un groupe stable, homogène et relativement privilégié. Dans un milieu qui se savait voué à l'extermination collective au bout d'un temps déterminé – car il fallait interdire tout témoignage ultérieur sur le terrible travail des chambres de mort –, il était possible de construire une organisation capable de jouer le tout pour le tout et l'on sait que le *Sonderkommando* y était parvenu. Il avait réussi à introduire dans le secteur des crématoires une importante quantité d'explosifs, d'armes et de munitions. J'ai entendu ce soir-là les coups de feu. Mais c'est beaucoup plus tard que j'ai appris l'exploit. Les huit cents hommes laissèrent leur vie dans l'aventure mais ils avaient tué soixante-dix S.S.

Pour les détenus ordinaires d'Auschwitz, l'entreprise se révélait irréalisable, même dans les périodes où le camp bénéficia, au hasard des commandements, d'un régime un peu humanisé. La masse des bagnards, perpétuellement brassée par la mort, manquait du minimum de stabilité nécessaire. J'ai constaté en outre, dès le début, l'opposition des nationalités et j'ai vite reconnu l'impossibilité de lutter contre un cloisonnement qui se doublait facilement d'hostilité mutuelle. La résistance ne pouvait se concevoir qu'avec des liaisons et des complicités dans tous les blocks. Or, nous ne formions pas même des groupes d'amis dans le cadre restreint du commando ou du dortoir. Pour ma part, j'ai sans cesse changé de compagnons. Je n'avais pas plus tôt trouvé de la sympathie dans un regard qu'elle fondait dans l'absence ou dans la mort. Cette intimité précieuse par laquelle la peine se partage ou s'atténue et qui a besoin, pour se constituer et s'épanouir, d'un peu de temps, nous était refusée. Chacun se sentait isolé et abandonné plus que s'il eût été en cellule. Il y avait des moments où nous ne pouvions plus nous supporter, où nous nous mettions à nous haïr, à aboyer les uns contre les autres, à contester violemment l'exactitude des partages de nourriture, à nous insulter et à nous battre pour une miette de pain ou une gorgée de soupe. Il fallait la matraque du kapo, attiré par le bruit, pour nous séparer.

Parce que nous n'avions pas le moyen de nous unir, pas même de nous comprendre, il ne restait plus, à chacun des damnés que nous étions, qu'à chercher seul son salut. Et telle était cette solitude sauvage, cette abjection de la haine étendue à tout l'entourage humain, que je me demandais parfois si nous pourrions, en cas de survie, nous réadapter à la vie. Cela me paraissait impossible. Nous étions hargneux, soupçonneux, hypocrites, constamment terrorisés. C'est à peine si la présence des tortionnaires nous incitait, par moments, à un reste de solidarité, plus instinctive que raisonnée. Il ne fallait pas songer à la résistance organisée. Au mieux, on pouvait envisager le sabotage, lorsque les conditions du travail s'y prêtaient – ce qui était rare – ou au refus de servir par lassitude, ce qui paraissait plus plausible. On pouvait profiter d'une surveillance insuffisante ou tromper cette surveillance. Je l'ai fait autant qu'il m'a été possible sur tous les chantiers et dans tous les ateliers où je suis passé. Bien des fois, j'ai réussi à limiter au dixième la tâche que j'étais tenu de fournir et, dans quelques cas, à l'annuler. Si modeste que paraisse le résultat de mes ruses et si largement compensé qu'il ait été par les cadences inhumaines que nous subissions, je n'en suis pas peu fier. J'ai lutté contre l'ennemi dans toute la mesure de mes moyens.

CHAPITRE VII

MINEUR À JAWORZNO

Il vint un jour à Jaworzno où je touchai le fond de la misère. C'était trois mois après mon arrivée au bagne. Étendu sur un lit du *Revier*, si faible que je pouvais à peine remuer mes membres, j'attendais mon tour d'être sélectionné. Trois mois de misère m'avaient épuisé.

J'avais commencé ma carrière de forçat à Birkenau, où j'étais affecté au déchargement des troncs d'arbres. Le travail était dur, mais j'avais toutes mes forces. Décharger des troncs d'un camion et les transporter sur l'épaule avec un camarade sur cinquante mètres, ranger les troncs les uns sur les autres, revenir au camion, recommencer pendant douze heures, toujours au pas de course, et n'avoir pour tout répit que la demi-heure consacrée à la soupe ou les instants d'inattention du *Vorarbeiter*, c'est suffisant pour tuer un homme en quelques semaines, compte tenu du régime alimentaire : l'équivalent, chaque jour, de sept cents calories. En outre, les kapos frappaient à mort et chaque coup reçu ajoutait à l'épuisement.

J'étais sur le point de défaillir, les épaules rompues par les fardeaux, les pieds meurtris dans mes galoches, lorsqu'un *Stubendienst* que je connaissais apparut. Un *Stubendienst* est chargé de l'entretien des chambres et de la distribution des vivres. Il a généralement l'inconvénient de travailler plus que les autres, puisque sa fonction ne le dispense pas entièrement du chantier ou de l'atelier, mais il a droit à des suppléments de ration. Si médiocre que soit le pain et inconsistante la soupe, on a des chances de survivre si l'on mange à sa faim. Il y a toujours, pour un garçon de chambre industrieux, des possibilités d'« organisation » qui sont refusées au détenu ordinaire. Homme de confiance du *Blockältester* – c'est le titre du kapo responsable du block –, averti des besoins et des désirs de son maître, en liaison avec diverses autorités du camp, le *Stubendienst* peut, s'il est habile, devenir l'auxiliaire indispensable, l'agent d'exécution pour les mille trafics qui se réalisent à l'intérieur du camp. Mais il peut aussi, perdre sa place à la moindre défaillance et reprendre rang dans le troupeau des bagnards.

Celui que je rencontrai par hasard était un Parisien et il avait connu mes parents. Il n'avait pas trop maigri : un homme de quatre-vingt-dix kilos descendant à soixante n'avait pas trop maigri. Dans la hiérarchie du camp, il me parut avoir les privilèges du soldat de première classe. Il pouvait utiliser un jeu de relations utiles. Il les mit aussitôt à mon service, c'est-à-dire qu'il me recommanda à un *Vorarbeiter* qui dirigeait une équipe de travailleurs dans un des commandos chargés des fondations de la future usine électrique.

Ce fut là une première et courte chance. Celui qui me l'offrit est encore en vie. Il ne fit rien d'autre pour moi que de me caser dans cette équipe où je fis semblant de travailler, puisque je manquais totalement de capacités techniques. Mais ce service rendu est de ceux qui ne s'oublient pas. Le *Vorarbeiter* qui me reçut montra de l'inquiétude. Il n'était lui-même qu'un détenu, responsable d'un groupe de travail et sous les ordres d'un kapo.

Un *Vorarbeiter* était lui aussi un détenu privilégié, capable de tenir le coup plus longtemps que les autres, car sa mission consistait à faire travailler son équipe plus qu'à travailler lui-même. Il fallait, pour tenir cet emploi et pour le conserver, devenir la doublure du kapo, donc acquérir sa mentalité et manier la matraque. Cet honneur et ce galon de caporal ne m'échurent jamais. Ceux qui les obtinrent réussirent à durer dans la mesure où ils se montrèrent capables de hurler, d'injurier et de frapper. S'ils s'y montraient inaptes, ils réintégraient les rangs, non sans avoir reçu eux-mêmes, pour prix de leur incapacité, vingt-cinq coups sur le cul, *fünf und zwanzig auf Arsch.*

Celui qui m'accueillit dans son atelier s'aperçut bien vite que j'avais usurpé la qualité de technicien et que j'ignorais l'usage de l'outil le plus ordinaire. Mais il ferma les yeux, ayant reçu de mon protecteur l'assurance que je bénéficiais de l'appui du *Blockältester,* ce qui était un audacieux mensonge. Il me battit comme les autres mais en mesurant la force de ses coups. On peut toujours retenir et freiner la matraque lorsqu'elle arrive au contact du dos. En outre, il m'assigna une place dans un coin obscur. Mon incompétence s'y cacha. Je passai ainsi une dizaine de jours tranquilles dans l'enfer de Birkenau, ajoutant à l'agrément du repos celui de quelques croûtons de pain noir fournis par mon camarade le *Stubendienst.* Je garde à celui-ci une gratitude profonde. Il m'a peut-être sauvé la vie. Quand je fus chassé du commando, ce qui ne pouvait manquer d'arriver, j'avais retrouvé mes forces et l'usage de mes pieds. Le terrible service du *Holzplatz* les avait fort endommagés. C'était une grave disgrâce que d'avoir les pieds blessés. La moindre boiterie donnait aussitôt l'apparence de l'infirmité. Elle menait à l'élimination. Boiter sur les rangs était inadmissible.

Au bout de ces dix jours de farniente et de récupération, je fus repéré par le kapo, responsable du secteur, et renvoyé dans les ténèbres extérieures. Il n'y eut heureusement pas d'enquête sur les manœuvres frauduleuses qui m'avaient permis d'usurper ma fonction. On me traita de « tas de merde » et de « fils de putain ». On me roua de coups de poing et de coups de pied, et on me jeta à la porte. Je savais désormais assez bien amortir les coups et les injures ne m'atteignaient pas. Le même commando chargé du débarquement des troncs d'arbres me récupéra sur-le-champ et je repris mes va-et-vient.

Je risquais de continuer ainsi longtemps – du moins jusqu'à l'épuisement total – puisque je n'avais pas d'aptitude professionnelle bien définie. Les quelques apprentissages de ma jeunesse turbulente me laissaient dépourvu de qualification technique. J'étais un boxeur et rien d'autre, poulain du célèbre entraîneur Jean Bretonnel qui voulait bien, à l'époque, me prédire un brillant avenir. Mais, au camp de Birkenau, il n'y avait pas d'avenir pour un boxeur.

Par chance, je quittai bientôt le *Holzplatz* de Birkenau.

Une commission, composée d'un officier S.S., d'un médecin militaire et de deux ou trois civils venus de l'extérieur, arriva au chantier et nous passa en revue. Je me vis ainsi, tout nu et au garde-à-vous, au milieu d'une colonne de détenus sélectionnés pour leur vigueur apparente. On avait besoin de travailleurs pour la mine de charbon de Jaworzno. Le médecin nous examina avec un soin particulier. Il nous plaça son stéthoscope sur la poitrine, nous palpa les biceps, nous fit ouvrir la bouche. J'étais bon, avec une centaine d'autres, pour la fonction de travailleur de force.

On nous transporta en camion au camp de Jaworzno à quelque dix kilomètres d'Auschwitz, par une journée ensoleillée. Mais je n'eus que peu d'occasion d'apercevoir le soleil. D'emblée, je descendis au fond de la mine et j'y passai la totalité de mes journées de travail, de six heures du matin à six heures du soir.

Jaworzno était alors un camp en construction. Il n'y avait que quelques baraques de bois et quelques autres qui commençaient à s'élever. C'était une des nombreuses dépendances d'Auschwitz, installée là pour les besoins de la société civile qui exploitait la mine. Il en était de même à Monowitz et à Miskowitz où les conditions de vie des bagnards étaient sensiblement les mêmes.

À première vue, le camp présentait quelques avantages. Birkenau d'où je sortais, c'était la crasse, la puanteur, l'entassement dans les baraques, les cheminées des crématoires se profilant à l'horizon. Les installations de Jaworzno me parurent sommaires mais neuves. Les lits à trois étages comportaient des matelas de paille d'une propreté suffisante. La nourriture était sans doute la même, puisqu'un régime identique s'imposait à tous les détenus et que la totalité des aliments était produite sur le territoire d'Auschwitz. Mais il me parut que les rations étaient plus fortes. On pouvait en outre espérer de meilleures conditions de vie, du moment que les commandos de détenus devaient seconder des équipes de travailleurs civils, obéir à des *Meister* de profession et échapper dans une certaine mesure à la tyrannie des kapos. Je savais qu'au même moment des milliers et des milliers d'esclaves, juifs, russes, polonais, travaillaient dans les vastes plaines à l'assèchement des marais et à la construction des routes et je crus pouvoir me féliciter d'être élevé à la dignité de mineur.

Je ne tardai pas à déchanter. Les conditions de travail étaient exténuantes. Elles pouvaient l'être moins, si l'équipe dont je faisais partie se trouvait à la disposition d'un contremaître compréhensif ou si l'étroitesse des boyaux dans lesquels il fallait travailler empêchait l'intervention des matraqueurs. Mais les ouvriers allemands qu'on employait-là n'avaient que trop de raisons de nous exploiter, et ils nous donnaient rarement des miettes de leurs repas. Je dus pousser pendant d'interminables journées des wagonnets chargés de charbon, le long des galeries montantes, attrapant de-ci, de-là quelques coups de bâton sur les épaules, trop épuisé après la douche du soir, lorsque les ascenseurs nous remontaient et qu'on nous ramenait au camp, pour faire autre chose que manger hâtivement et dormir.

Le premier mois fut supportable, le second fut pénible. Au début du troisième commença mon calvaire.

Il fallait chaque matin se lever à cinq heures et se trouver sur les rangs quinze minutes plus tard. On nous comptait. On nous comptait sans cesse parce qu'il y avait toujours quelques manquants, évacués la veille ou restés dans les baraques, incapables de se lever. Les comptes recommençaient s'il y avait la moindre incertitude. Les S.S. redoutaient les évasions, plus faciles dans un centre de travail assez mal isolé de l'extérieur. C'était peut-être là en effet qu'on pouvait le mieux échapper à la surveillance, et trouver des contacts avec la population civile. J'ai bien souvent regretté par la suite de n'avoir pas essayé d'en profiter. À vrai dire, il eût fallu y demeurer plus longtemps. Jaworzno a été l'un des camps où les résistants réussirent mieux qu'ailleurs à se grouper et à s'organiser, mais il était difficile de s'intégrer à un groupe, tant les affiliés se méfiaient.

Une fois rassemblé, le commando partait au travail à pied et la route était longue. Nous peinions dès le départ à cause du sol raboteux. Nous n'avions absorbé qu'un peu d'eau chaude, servie dans une *miska* pour quatre, en comptant les gorgées pour égaliser le partage. Rien d'autre. Cette bolée d'eau devait soutenir nos forces pour marcher jusqu'à la mine et y travailler dix heures d'affilée. La chaleur était telle dans les galeries et la soif si torturante, qu'il m'arrivait de boire mon urine. Nous le faisions tous. Nous urinions dans nos mains et nous buvions. Parfois nous avions la chance de trouver quelque humidité ruisselant sur la roche : on s'y ruait.

À midi, on nous donnait la soupe, parfois épaisse, mais faite exclusivement de légumes bouillis à l'eau. Pendant l'heure de répit qu'on nous accordait, nous tâchions de trouver ou de mendier quelque nourriture, heureux si nous pouvions obtenir une pomme de terre échappée de la musette d'un travailleur civil.

Le travail reprenait ensuite jusqu'à six heures du soir et nous remontions au jour. La longue marche reprenait jusqu'au camp. Nouvel appel, deux fois, trois fois, dix fois recommencé. Distribution d'une tranche de pain sur laquelle nous nous jetions comme des chiens, tant la faim nous tordait les entrailles. Et quand nous espérions enfin trouver le repos, il fallait presque tous les soirs, à la lumière des projecteurs, travailler à quelque corvée d'aménagement du camp ou de nettoyage des locaux. Il nous restait peu de temps pour dormir et nous n'étions jamais sûrs de n'être pas réveillés en pleine nuit pour une nouvelle corvée ou pour un contrôle.

Le dimanche, jour de repos, était une bénédiction mais ni les appels ni les corvées n'étaient pour autant supprimés. Lors même que nous pouvions bénéficier d'une journée entière, elle ne permettait pas de récupérer.

L'épuisement musculaire s'augmentait de l'incessante tension nerveuse, de la peur permanente des coups. La voix des kapos, soutenant et accélérant les cadences de travail, aboyant des injures et des menaces, nous déchirait les oreilles, nous contraignait à une alerte de tous les instants qui nous brisait.

Je mesurai chaque soir le progrès de ma dégradation physique. Mes mains réunies faisaient de plus en plus aisément le tour de ma cuisse. Il vint un moment où je sentis l'os sous la peau. Peut-être aurais-je réussi tout de même à tenir davantage si mes pieds ne m'avaient trahi. Des plaies qu'il aurait fallu soigner et isoler s'étaient ouvertes sous mes orteils. Elles suppuraient. Mais comment les soigner ? Je n'osais pas me présenter à l'infirmerie qui avait mauvaise réputation. Il n'était que d'écouter ceux qui en sortaient.

Un matin je partis pour le travail sérieusement mal en point. J'avais passé une nuit agitée, coupée de cauchemars. Mes pieds enflaient. La cheville droite surtout, empâtée et douloureuse, m'obligeait à boiter. Je vins cependant à bout des trois kilomètres de marche. La journée se traîna, plus torride pour moi qu'elle ne le fût jamais. Je fis de mon mieux pour échapper à la surveillance du chef d'équipe, invoquai le délabrement, d'ailleurs réel, de mon intestin pour m'isoler à plusieurs reprises. J'atteignis ainsi la fin de ma journée, mais je sentais monter la fièvre.

La marche de retour fut un supplice. Mes jambes ne me portaient plus. Au moment où je fis halte avec les autres devant les baraques, un frisson me secoua, un nuage me brouilla la vue et je m'écroulai. On me porta sur une paillasse.

Le lendemain matin, je me présentai au *Revier*.

L'infirmerie de Jaworzno était encore plus rudimentaire que le reste. Les malades y étaient jetés sur des lits à trois étages, du même style que ceux des baraques, et ils n'avaient qu'un médecin et deux ou trois infirmiers, tous détenus, pour les soigner.

Ce médecin qui portait la tenue de bagnard comme tout le monde nous aligna devant lui, entièrement nus. Nous étions là plusieurs éclopés choisis parmi les autres, et il nous gratifia d'une piqûre. Je ne sais ce qu'il nous injecta. Nous savions par ouï-dire que certaines piqûres étaient mortelles. Mais il n'était pas question de s'y opposer, ni d'interroger le praticien, lequel, du reste, ne parlait pas français. Quand il m'examina, il bougonna quelque chose en allemand, dont je compris seulement que je souffrais de phlegmons. Mes chevilles étaient gonflées et brûlantes. J'avais passé une nuit affreuse au milieu de mes camarades, gémissant et délirant par moments, la tête en feu.

Nous avions attendu longtemps l'arrivée du docteur et sa piqûre. Je ne sais si elle eut sur moi quelque action curative, mais j'avais à peine pris place sur mon lit, après une pénible escalade pour atteindre l'étage supérieur, que je m'endormis d'un lourd sommeil. Quand je m'éveillai, à l'heure de la soupe, je me mis à examiner les lieux.

C'était un dortoir de cent ou cent vingt lits superposés, à peu près tous occupés, chargés d'une humanité cachectique dont l'aspect m'effraya. J'avais vu bien des « musulmans », mais pas encore rassemblés et entassés dans un même endroit et, en outre, j'étais du nombre, j'étais moi-même un « musulman », je me sentais condamné.

Tous ces hommes nus, rasés, au corps blême, la plupart décharnés au-delà du possible, quelques-uns hideusement enflés, semblaient attendre la mort. En effet, plusieurs moururent pendant mon séjour. La nuit généralement. Le râle du mourant se confondait avec le ronflement des autres. Au matin, le compagnon de lit appelait pour qu'on enlevât le cadavre. Mais il fallait attendre la corvée de ramassage des corps.

Il y avait l'odeur. L'odeur que répandait les corps fiévreux et les plaies purulentes. L'odeur des paillasses souillées. L'odeur du seau à merde que l'infirmier allait vider de temps à autre ou plutôt qu'il faisait vider par deux malades capables de marcher et qu'il accompagnait aux latrines.

J'admets que les salles communes des hôpitaux ne sont jamais gaies, quel que soit le confort dont jouissent les malades. Mais le *Revier* de Jaworzno était un cauchemar. Jamais la misère physique ne m'était apparue sous un tel jour. C'était une gageure que de prétendre résister au désespoir dans cette ambiance de pourriture.

Cependant je résistai.

On ne soignait pas les malades. Comment pouvaient-ils être soignés ? Le médecin et les infirmiers qui vivaient là, dans une petite pièce à côté, devaient disposer, presque uniquement, d'aspirine et de mercurochrome. En dehors des piqûres administrées le matin, je n'ai rien vu d'autre. Il était sans doute admis que la guérison ne pouvait être obtenue que par l'action de la nature, et non par l'action des hommes. Car une guérison purement naturelle témoignait qu'il existait encore de la ressource dans l'organisme du patient et qu'on pouvait l'utiliser de nouveau. Tandis que la nécessité d'une intervention médicale mettait en lumière l'impuissance du sujet. Il convenait donc de le laisser crever, tant pour éviter la dépense des remèdes que pour ne pas s'embarrasser d'une récupération illusoire. D'ailleurs, les Allemands n'avaient pas à faire d'économies sur la matière humaine. Elle abondait. En vertu d'un contrat passé entre les S.S. d'Auschwitz et le directeur de la mine de Jaworzno, il fallait fournir chaque jour un nombre déterminé de forçats en état de travailler. Personne n'exigeait que ce fussent les mêmes, pourvu que le nombre y fût. On pouvait aussi bien livrer le bétail humain au poids !

Dire qu'on laissait crever les malades est inexact. On les y aidait. Le médecin-chef du *Revier* n'était pas le minable docteur allemand qui vivait là, probablement envoyé à Auschwitz comme Juif, communiste ou franc-maçon, de toute façon comme opposant au régime, mais un médecin militaire S.S., aux bottes cirées à mort, qui arrivait tous les matins en voiture jusqu'à la porte du *Revier* et qui faisait une entrée fracassante dans la salle. Il devait être *l'Oberarzt* chargé de plusieurs infirmeries disséminées dans le secteur. Quand il arrivait, l'infirmier criait *Achtung* et se mettait au garde-à-vous, tandis que notre docteur accourait. Ce grand chef, bien entendu, ne soignait personne. Il administrait. Généralement, il se contentait d'une inspection sommaire, regardait des papiers qu'on lui présentait et donnait des instructions. Nous le regardions partir avec soulagement. Mais, de temps en temps, il procédait à une sélection. Il passait entre les lits, jetait un coup d'œil sur les hommes dénudés et, quand le malade lui paraissait irrécupérable, sa fiche était retirée du lot. Parvenu au bout de la salle, il comptait les fiches, conférait un instant avec le docteur et s'en allait de son pas pressé.

Une demi-heure après, le temps de mettre à jour son registre et d'établir sa liste, l'infirmier appelait une dizaine ou une quinzaine de numéros matricules et avertissait les titulaires qu'ils devaient se tenir prêts à être évacués sur le *Krankenbau* d'Auschwitz. Chacun savait parfaitement ce que cela signifiait. Il n'y avait pas de récriminations ni de plaintes. Quelques-uns pleuraient silencieusement dans leur coin, mais la plupart restaient muets et tranquilles, comme si l'annonce de leur sélection avait mis fin à leur angoisse. Ils n'étaient pas dupes. L'hôpital d'Auschwitz, c'était la dernière illusion. On les conduirait directement vers la chambre à gaz. Il fallait faire de la place pour d'autres car, chaque matin, de nouveaux malades se présentaient à la visite.

*
* *

Il faut croire que mon corps n'était pas suffisamment squelettique, ni mon pied suffisamment malade. Je ne fus pas sélectionné. Petit à petit, la santé revenait. Pendant les huit jours que je demeurai là, je réussis à manger un peu, l'inappétence des grands malades augmentait la ration des autres. Pour me remettre tout à fait, il m'aurait fallu des nourritures plus consistantes, mais l'abondance relative me permit de remonter la pente. Avec une étonnante rapidité, mes plaies se fermèrent, le mal parut se résorber. Il paraît que de telles guérisons sont rares, surtout quand l'organisme est affaibli. Dès le quatrième jour, je pus marcher sans trop souffrir, ce qui autorisa l'infirmier à me charger de l'odieuse corvée des latrines. On s'accoutume à tout. Dans les conditions où j'étais et sachant ce qui m'attendait lorsque je reprendrais le travail, j'aurais consenti volontiers à m'acquitter de cette corvée, chaque jour et chaque nuit, jusqu'à la fin de la guerre, malgré l'odeur, les salissures, le spectacle déprimant de la souffrance et de l'agonie. J'aurais continué volontiers à manger mon pain noir à côté de ce seau rempli d'excréments et de ces malades qui faisaient sous eux.

Mais tout a une fin. Je n'étais pas encore assez habile pour trouver les moyens de me planquer au *Revier*. Le médecin me déclara sortant.

*
* *

Je repris mon travail à la mine. De nouveau les trois kilomètres de marche, de nouveau les wagonnets, les galeries étouffantes, la soif. Je n'avais plus l'énergie du début et je m'affaiblissais chaque jour davantage. Certes, je m'appliquais à réduire autant que possible la dépense physique. Je réussissais en outre à rassembler quelques avantages que je devais à ma qualité d'ancien. Je connaissais du monde, je grappillais par-ci par-là quelques faveurs et quelques miettes de pain. Mais l'inexorable usure me guettait.

C'est pendant celle ultime période de travail que je rencontrai un prisonnier anglais, alors que le hasard d'une corvée m'avait conduit dans l'usine en construction. Il travaillait là en qualité de mécanicien. Le jeu des allées et venues fit que nous nous trouvâmes seuls ensemble un instant. J'étais alors tenaillé par la hantise de l'évasion. Tel était mon besoin désespéré d'en finir que j'étais prêt à n'importe quelle folie. Cet Anglais m'apparut comme un sauveur. Il était le lien avec l'extérieur et le symbole des forces alliées. Je l'étreignis frénétiquement, je lui parlais dans toutes les langues que je savais, pour lui faire comprendre que je voulais m'évader et que j'avais besoin de son aide. Hélas ! il ne parlait que l'anglais. De toute façon, avec ce prisonnier qui soupçonnait l'enfer de notre existence, mais ne le partageait pas, il n'y avait pas de communication. Un mur nous séparait. Prisonnier de guerre et travailleur, il était protégé par des lois et soutenu par des privilèges. Il ne soupçonna même pas mon désir. Je ne savais pas un seul mot d'anglais. Il m'écouta un instant, puis il sourit largement comme s'il avait compris et sortit de sa poche ce qu'il avait : un demi-paquet de cigarettes et quelques barres de chocolat.

Ma déception ne m'empêcha pas d'empocher ce qu'il m'offrait. J'aurais été idiot de refuser. Ce cadeau que je recevais de façon si inattendue valait plusieurs rations quotidiennes de nourriture. Ainsi prit fin un entretien qu'il était difficile de prolonger et qui n'avait plus d'objet. J'essayai par la suite de me faire désigner pour une corvée semblable qui m'eût permis de retrouver mon Anglais, mais ce n'était pas si simple. La chance ne se retrouva pas.

Quelques jours après, en dépit de mon courage, j'étais de nouveau au *Revier*.

Cette fois, c'était plus grave. Mes plaies s'étaient ouvertes de nouveau et mes pieds, mes chevilles, mes jambes se mettaient à enfler beaucoup plus rapidement que la première fois. Le pus se collecta en quatre endroits. On me coucha, brûlant de fièvre, presque incapable de me rendre compte de ce qui se passait autour de moi. On m'incisa à plusieurs reprises, d'abord le médecin, puis un infirmier qui devait avoir autant d'aptitude que moi-même à exercer les fonctions d'infirmier. Je revois cette brute travaillant sur ma jambe avec son bistouri. Peut-être après tout m'évita-t-il l'aggravation qui pouvait être mortelle. Par la suite, la fièvre tombée, je surmontai ma faiblesse et je me mis à me soigner moi-même. Je me fis donner du permanganate et du papier de pansement et je pus de nouveau suivre le progrès de la guérison.

Malheureusement, la fièvre et l'impossibilité pendant plusieurs jours d'absorber la moindre nourriture solide m'avaient ravagé. Je lisais aisément dans le regard de mes voisins, que j'avais l'aspect typique du « crevard » promis à la sélection.

Lorsque le médecin S.S. arriva – *Achtung !* –, je vis, une fois encore, se répéter la scène bien connue. Mais pas en spectateur. J'étais concerné. L'homme, avec son uniforme impeccable, ses gestes secs, ses yeux froids était aussi peu médecin que possible. Il passait entre les lits d'un pas mécanique et, de temps en temps, il sortait une fiche qu'il remettait à l'infirmier. Mon tour arriva. J'étais nu comme les autres, étendu sur le dos, la couverture repoussée au-delà des pieds. Il s'arrêta à peine. Ma fiche alla rejoindre les autres dans les mains de l'infirmier. C'était fini…

Parvenu au dernier lit, il revint sur ses pas en comptant les fiches. Je l'entendis prononcer le mot *vierzehn,* quatorze. Il parut hésiter un moment, comme si ce chiffre lui paraissait insuffisant. Puis, brusquement, il disparut.

Que se passa-t-il dans le cabinet voisin où l'infirmier travaillait aux écritures ? Je l'ignore. Les minutes passèrent. Mon voisin me parlait à travers le passage qui nous séparait. Il gardait dans les yeux la frayeur de l'épreuve, mais il s'en était tiré. Il parlait français.

— Ta fiche est sortie ?

— Oui !

— Ça ne veut rien dire…

Il essayait de me réconforter, forgeait des hypothèses diverses. Je ne l'écoutais pas, enfoncé dans une sorte d'indifférence. Lorsque l'infirmier revint, sa liste à la main, j'entendis sa voix appeler lentement une série de matricules. Je connaissais parfaitement le mien : 130 665. Les syllabes allemandes en étaient parfaitement gravées dans ma mémoire.

Je ne les entendis pas.

Ahuri, je me dressai sur mon lit. Je me penchai sur mon voisin.

— Combien en a-t-il appelé ?

— J'ai compté treize matricules.

Ma fiche avait sauté. Un de ces mystères qu'il ne faut pas essayer de pénétrer. L'invisible coup de dé qui décide de la vie ou de la mort. Je n'avais aucun appui au *Revier*. Personne d'ailleurs n'eût osé prendre le risque de me sauver. Ma fiche avait disparu, sans doute par la plus banale des erreurs. Une seconde de distraction de l'infirmier. Naturellement je me gardai de me réjouir. Ce n'était qu'un sursis.

Quatre jours après, *l'Oberarzt* réapparut et me sélectionna pour de bon. L'inévitable s'accomplissait. Quatre jours de répit, c'était suffisant pour aller mieux, non pour avoir une mine florissante, ni pour regagner le poids perdu. J'avais toujours l'aspect d'un moribond.

L'infirmier revint cette fois avec une liste plus longue. Mon numéro y était. Je répondis « présent » et je me levai sans plus attendre, plus résolu à en finir qu'à m'apitoyer sur mon sort. J'en avais assez d'attendre, de supputer, de trembler. Mieux valait en finir d'un seul coup avec une vie qui ne valait plus la peine d'être vécue. Affligeant certes de mourir à vingt-quatre ans, mais j'aurais pu, comme tant d'autres, être tué au front.

Je repris mes vêtements de forçat. Je plaquai sur mon crâne tondu l'informe béret. Nous étions une vingtaine de misérables, assis par terre devant la porte du *Revier*, et nous attendions le camion qui allait nous emporter à Auschwitz.

Je regardai mes pieds qui venaient de réintégrer les galoches à semelles de bois et je constatai qu'ils étaient à peu près guéris. Encore des marques à l'endroit où le bistouri avait mordu, mais pas d'enflure, une peau saine. Les orteils jouaient normalement. Je ne me demandai pas s'il valait mieux mourir guéri. L'heure n'était pas à ce genre d'humour. Il y avait trois ou quatre gars qui pleuraient silencieusement, un autre qui tremblait convulsivement et qui ouvrait la bouche toute grande comme s'il étouffait.

Le camion arriva et vint se ranger devant nous. On grimpa. Il fallut pousser et soutenir plusieurs des condamnés. Ils ne résistaient pas, ne cherchaient pas à fuir et ils ne criaient pas non plus. Ils fléchissaient seulement sur leurs jambes inertes.

Deux soldats nous gardaient, montés les derniers et assis face à face, portant l'insigne des S.S. sur leur collet. La mitraillette braquée. Ils parlaient entre eux et riaient en nous regardant. Je savais assez d'allemand pour interpréter leurs propos. Pas injurieux ni hostiles, simplement amusés. Ils nous regardaient comme on regarde des pitres. Ils savaient bien ce qui nous attendait, mais cela n'avait plus de signification. On peut s'émouvoir – de haine ou pitié – devant des hommes qu'on emmène pour les fusiller. Pas devant les pantins cassés que nous étions et qu'on jetait au rebut.

Je songeai un instant à assommer un de ces hommes dont les ricanements m'irritaient, mais je réprimai cette impulsion. Outre que j'étais trop faible pour mener à bien cette entreprise, elle m'eût valu des coups. Je n'avais pas besoin de ce supplément de souffrance. Le camion roulait sur une route déserte et parfaitement droite, dans un paysage sans gaieté, mais ensoleillé. Je pouvais aussi tenter de sauter en marche et de mourir sous une giclée de mitraillette. Décidément non !

Les soldats avaient moins de vingt ans. Je fis cette réflexion que pour mobiliser des gars si jeunes, l'Allemagne devait toucher le fond. Depuis longtemps, nous le savions tous, elle accumulait les revers. Le plus grave, elle l'avait subi en Italie. La chute de Mussolini, renversé et emprisonné sur l'ordre du roi, remplacé par le maréchal Badoglio, avait eu un immense retentissement. La nouvelle avait pénétré dans le camp à travers les barbelés, quelques jours auparavant, véhiculé jusqu'à nous par une nouvelle équipe de travailleurs qui venait de Birkenau. On savait aussi que les Alliés avaient réussi un débarquement en Sicile et qu'ils disposaient désormais d'une énorme supériorité matérielle. Sur le front russe, une poussée semblait s'amorcer en direction de la Prusse orientale, le fameux corps africain s'effondrait en Tunisie. On nous liquidait en pleine victoire, peut-être à quelques jours de la délivrance.

Nous voilà débarqués dans le vaste camp d'Auschwitz devant le *Krankenbau*. Nouvelle attente. Je vois confusément courir des infirmiers. Nous sommes bien devant l'hôpital du camp. L'espoir renaît, un espoir timide qu'on étouffe aussitôt, mais que l'événement confirme : on nous soumet à une seconde sélection. J'avais la certitude qu'on nous conduisait directement à l'exécution. En fait, je n'ai jamais entendu parler d'un second tri. Une raison inconnue a déterminé, de façon exceptionnelle, l'intervention des autorités médicales d'Auschwitz. Nous ne sommes d'ailleurs pas les seuls à subir ce contrôle ; deux ou trois autres camions sont venus déverser leur cargaison près de nous, et nous sommes maintenant une cinquantaine de pauvres diables, squelettiques, rongés de misères diverses, à attendre devant l'hôpital.

— Déshabillez-vous, colonne par un.

Un *Oberartz* en blouse blanche, un assistant, des *Schreiber*. La colonne va commencer à défiler lentement devant eux et je remarque bientôt que l'examen, d'ailleurs sommaire, donne lieu à un partage. Le médecin ne prononce qu'un mot :

Links ou *Rechts.* Tu as vite compris. Le groupe qui se forme à gauche, *Links* le plus nombreux, c'est le groupe des sacrifiés.

Il y a vingt hommes devant moi. *Links, Rechts, Links…* La voix sèche du médecin, à intervalles réguliers, prononce la vie ou la mort. Les *Schreiber* appellent les matricules.

— *Links, links.*

Le groupe de gauche grossit sans cesse. Pas un cri, pas un gémissement. Mon tour arrive. Je me raidis. Les secondes s'écoulent.

— *Rechts.*

Une fois de plus, j'étais sauvé.

CHAPITRE VIII

AUSCHWITZ

J'étais sauvé, mais pour combien de temps ?

Tout dépendait des conditions de vie à Auschwitz, car après cet examen médical où ma vie n'avait tenu qu'à un fil, je me trouvai affecté au camp central. Les hommes de la colonne de gauche, chargés de nouveau sur des camions, avaient été transportés hors du camp et nul ne devait plus jamais les revoir.

Les rescapés entrèrent au *Krankenbau* d'Auschwitz. Je passai là une huitaine de jours, qui furent pour moi un bienfait des dieux, avant d'être affecté à un commando de travailleurs et logé dans un block.

Sur les vingt-huit blocks d'Auschwitz, construits en brique rouge, quatre étaient réservés au *Krankenbau*. Ce n'était certes pas un sanatorium. Toujours les lits à trois étages et les paillasses sordides. Toujours la soupe de rutabagas et le pain noir. Guère plus de médicaments ni de soins que dans les infirmeries périphériques. Et, cela va sans dire, les sélections périodiques, vidant d'un coup les lits où nous nous entassions à trois par couchette. Mais comparé au *Revier* puant de Jaworzno, c'était presque confortable. Le plus étonnant, c'étaient les toilettes, que je devais retrouver dans les autres blocks, qui n'avaient pas d'équivalent ailleurs. Nous étions presque dispensés de l'odeur infecte qui régnait dans les autres camps et c'était un avantage appréciable.

Le personnel médical paraissait plus qualifié. Je n'eus pas à me féliciter du médecin qui me soigna – dans la mesure où il fut question de me soigner –, mais j'eus la chance de trouver là un infirmier qui me rendit quelques services, malgré la somme de travail dont on l'accablait. Il devait, quelques mois plus tard, m'apporter une aide plus précieuse encore.

J'eus par lui quelques informations. Le commandement d'Auschwitz avait été assuré jusqu'au début 1943 par le plus abominable tueur que l'Allemagne ait connu. C'était le temps où les bagnards, juifs en majorité, mouraient en masse sous les coups. Quand il partit, on respira. Le nouveau *Lagerführer*, peut-être moins sanguinaire, ou simplement désireux d'accroître la capacité de travail des déportés, adopta une politique plus humaine. Il interdit les coups, à l'exception bien entendu des corrections disciplinaires, et il fit afficher dans les blocks que la vie des travailleurs serait sauve s'ils s'acquittaient de leurs devoirs.

Ces principes étaient en vigueur lorsque je débarquai à Auschwitz en novembre 1943, venant de Jaworzno. Ils devaient le rester un certain temps, et c'était sans doute ce qui expliquait la réputation relative dont jouissait le camp central parmi les déportés des bagnes extérieurs et principalement du plus proche, Birkenau, dont je connaissais le climat de terreur.

Assurément ces principes restaient le plus souvent à l'état de principes, car on ne pouvait guère empêcher un kapo de lever sa matraque, encore moins un S.S. Chaque déporté savait à quelles représailles il s'exposait s'il s'avisait de se plaindre. Au reste, si l'on frappait moins, on punissait davantage, rien n'étant plus facile que de trouver motif à punition.

Ce qui distinguait davantage Auschwitz de ses annexes, c'était la possibilité d'y « organiser », au sens très spécial que ce verbe avait pris dans le langage concentrationnaire. Auschwitz, depuis sa fondation, était principalement un centre de pillage, chargé de collecter et de diriger sur les magasins de l'État allemand, par trains entiers, les dépouilles

des déportés. Cela durait depuis dix ans. On comprend pourquoi, au départ de Drancy, les déportés étaient invités à se
munir du maximum de bagages. Les convois qui les ame-
naient au camp – il y en eut deux ou trois par jour à certaines
époques –, de même que les innombrables convois venus
de pays de l'Est, transportaient des fortunes. Argent, bijoux,
vêtements s'entassaient dans les magasins d'Auschwitz. Les
kapos supérieurs, bandits de droit commun, promus au
rang de chefs et chargés de recueillir et de comptabiliser le
produit de cette énorme rapine, ne pouvaient manquer d'en
détourner une part à leur profit et au profit des S.S., dont
il fallait nécessairement payer la complicité. Chacun volait,
trafiquait, s'enrichissait et, la compromission s'étendant à
tous, personne ne pouvait dénoncer personne.

Il en résultait pour l'ensemble du camp une prospérité
relative, réelle au niveau des seigneurs, de plus en plus
mince à mesure qu'on descendait les échelons de la hiérarchie, mais encore sensible à l'étage des *Häftlinge*, c'est-
à-dire des simples déportés dont j'étais. Suffisante en tout
cas pour permettre à quelques-uns de survivre, pourvu que
la chance s'en mêlât. À Auschwitz comme à Mauthausen, à
Buchenwald comme à Neuengamme, les déportés ont appris
les mille combinaisons par lesquelles on arrive à augmenter
un peu les rations alimentaires.

J'ai tenté de me débrouiller comme les autres, à vrai dire
sans grand succès. Il y fallait beaucoup d'audace et peu de
scrupules. J'ai pu resquiller parfois une tranche de pain,
que le hasard m'apportait plutôt que mon adresse, mais, la
plupart du temps, j'étais réduit à disputer aux autres des
légumes pourris ramassés dans les ordures.

*

**

Ruser pour manger, pour tromper la faim dévorante qui
nous tenaillait, c'était nécessaire mais non suffisant. Il fallait
se tenir sur ses gardes. Dans cet univers complexe où toutes
les nations étaient représentées, chaque compagnon de

travail, chaque voisin de lit pouvait être un ennemi. Depuis le voleur vulgaire qui subtilisait le pain sous les yeux de sa victime, jusqu'au dénonciateur et au traître, il fallait redouter toutes les formes de la malfaisance. Il suffisait d'un instant pour être dévalisé ou pour perdre un mince avantage, ou pour subir à la place d'un autre un châtiment inattendu. J'ai vu des malheureux accusés sans raison de complicité dans une tentative d'évasion et pendus avec les autres.

Il fallait avoir des relations utiles, rendre des services pour en recevoir, connaître les bonnes adresses et les bonnes méthodes. Il fallait apprendre un peu toutes les langues qui se parlaient dans le camp, allemand, russe, polonais, yiddish, dont le mélange avait fini par constituer le dialecte spécial d'Auschwitz. Je m'initiai assez bien aux finesses du métier de bagnard, tel qu'il se pratiquait dans les vingt-huit blocks du camp. Je sus quels étaient les meilleurs chantiers et quels étaient les pires, à quel commando il convenait de s'intégrer ou qu'il fallait fuir comme la peste. J'appris à pénétrer la mentalité de chaque kapo. Je connaissais les sadiques qui jouissaient de frapper, les paresseux qui s'efforçaient de réduire ou d'escamoter leur tâche, les vaniteux prêts à toutes les indulgences pourvu qu'on leur montrât les marques extérieures du respect. J'ai fui les sadiques, j'ai travaillé avec les paresseux, j'ai honoré de saluts impeccables les vaniteux.

Je n'ai pas été pour autant dispensé des châtiments. Il m'est arrivé de connaître à Auschwitz le fameux *fünf und zwanzig auf Arsch*. Vingt-cinq sur le cul. On m'avait pris en flagrant délit dans un atelier de l'usine d'armement, où j'ai travaillé quelques mois. Affecté à un commando chargé de remettre en état des caisses de munitions, j'avais réussi à réparer deux caisses en deux mois. C'est probablement le plus méritoire de mes exploits. Il fallait en réparer en moyenne une quinzaine par jour. De mèche avec un camarade qui occupait un poste de confiance, j'empilais devant moi un lot de caisses déjà réparées. Dissimulé sous ce rempart qui attestait mon ardeur à l'ouvrage, je faisais semblant de manier mes outils, habile à simuler une activité soutenue lorsque passait quelque surveillant. En réalité, je travaillais toujours sur la même caisse, que je montais et démontais inlassablement. '

C'était trop beau pour durer. Un S.S. s'avisa un jour de vérifier mon travail et s'aperçut que je trichais. Heureusement, il ne put prouver l'ancienneté du délit. Deux mois de sabotage, c'était la pendaison. Il me condamna au nerf de bœuf et se chargea lui-même de l'exécution.

Je baissai mon pantalon et inclinai mon buste sur l'établi. J'avais ordre de compter les coups à haute voix. *Eins, zwei, drei…* je connaissais déjà le supplice pour l'avoir enduré à Chalon-sur-Saône des mains de la Gestapo. Les coups du S.S. d'Auschwitz valaient ceux de la Gestapo de Chalon et le nerf de bœuf ne le cédait en rien à la règle de fer. La différence était que mon corps avait fondu. Le bourreau frappait sur une chair amincie qui protégeait à peine les os. Chaque coup produisait un formidable ébranlement. À la fin, je ne sentais plus rien, j'avais presque perdu connaissance. J'entendis vaguement le S.S. me lancer une dernière injure et déclarer qu'à la première occasion il me ferait pendre.

Ce n'était pas une vaine menace. J'ai assisté plusieurs fois à de grandes cérémonies de pendaison en musique, devant plusieurs milliers de bagnards alignés au garde-à-vous, les condamnés étant aussi bien des saboteurs que des voleurs pris sur le fait ou des évadés repris. Ils portaient toujours sur la poitrine un vaste écriteau où s'inscrivait la raison de leur supplice : j'ai saboté, je mérite la mort, etc.

Quand je me relevai, les fesses en sang, je croyais avoir le bas du dos paralysé. Je ne pus, pendant huit jours au moins, ni m'asseoir, ni me tenir debout, un peu soulagé seulement quand j'étais couché sur le ventre. Chaque fois que j'allais aux latrines, c'était un affreux supplice. J'obtins quelques jours de repos et on m'affecta ensuite à un autre commando.

Il y avait à Auschwitz un camp de femmes, séparé par des barbelés. On apercevait quelquefois ces malheureuses, astreintes aux mêmes besognes que nous, nourries aussi sommairement et crevant à la même cadence. Il était pratiquement impossible de les approcher. Quelques-uns d'entre nous ont pu tout de même échanger avec elles quelques paroles, de loin, lorsque le hasard des corvées extérieures rapprochait temporairement les colonnes. C'est ainsi que nous avons appris en juin 1944 le débarquement des troupes alliées en Normandie. Pour des raisons que j'ignore, les femmes d'Auschwitz avaient des informations.

J'ai dit plus haut quel aspect misérable elles avaient. Les kapos femelles constituaient une faune spécialement abjecte. Je les ai vues, courant le long d'une colonne et abattant leur cravache sur le dos des détenues. Les surveillantes S.S., en uniforme, dites *Aufseherinnen,* passaient pour être plus cruelles encore.

En dépit de l'abolition du désir chez la plupart des déportés, j'ai su que des intrigues se sont parfois nouées. Au prix de ruses extraordinaires, il y eut, la nuit, des rencontres furtives, quelquefois payées de mort. On m'a assuré qu'un des nôtres a obtenu fort longtemps, sans les avoir bien entendu sollicitées, les faveurs d'une surveillante S.S., attirée sans doute par l'attrait du fruit défendu. L'homme, un Polonais je crois, fut pendant des mois protégé par sa maîtresse qui lui fit donner une planque. On m'a également raconté qu'une détenue allemande, ayant rang de kapo au camp des femmes, s'offrait régulièrement de jeunes *Häftlinge* récemment débarqués.

Les S.S. qui assuraient la garde du camp et la direction du travail avaient à leur disposition un bordel, construit dans le courant de 1943, aménagé, disait-on, de façon luxueuse. Nos kapos avaient parfois le droit d'y aller, s'ils bénéficiaient des bonnes grâces du commandement. Il y avait des « bons de bordel ». J'ai vu souvent l'un de nos kapos exhiber, avec de lourdes plaisanteries, son « bon de bordel ». Mais, en général, ces brutes s'adonnaient à l'homosexualité, bien que la pratique en fût rigoureusement interdite.

*

* *

Auschwitz, camp principal, abritait tous les organes de direction et de coordination de l'immense complexe. Outre les blocks qui servaient de dortoirs aux détenus, il y avait le block du commandement et de l'administration, les quatre blocks du *Krankenbau,* les magasins, les cuisines et le mystérieux block « 11 » qui servait aux expériences. Nous avons eu, dès le début, quelques informations sur ce qui s'y passait. On y envoyait surtout des femmes. Elles y subissaient des opérations dont elles mouraient. Quelques-unes, cependant, ont survécu.

Je devais moi-même faire connaissance avec le block « 11 », comme on le verra plus loin, non pas pour y être charcuté par un biologiste, mais pour un interrogatoire. Le block abritait en effet la *Politische Abteilung,* service des enquêtes politiques de la Gestapo.

En revanche, un des camarades de chambrée, un Russe qui parlait un peu le français, me raconta son aventure dans le secteur de la biologie, commandé par le célèbre docteur Mendele. Sélectionné avec une douzaine d'autres, il fut conduit dans une salle du premier étage. On les fit attendre longtemps. Vers le soir, les malheureux passèrent un à un sur la table d'opération où ils furent châtrés. Naturellement sans anesthésie. Le Russe n'attendit pas son tour. Dès qu'il entendit hurler le premier supplicié, il s'élança par la fenêtre, atterrit sans mal sur la pelouse et regagna en courant son block où il se cacha. On négligea de le poursuivre. Les autres se laissèrent faire, avec cette incroyable passivité que j'ai tant de fois constatée. On ne les revit jamais. Quant au rescapé, il devait mourir quelques semaines plus tard, non pour avoir été puni, mais simplement parce qu'il était parvenu à la limite de l'épuisement et que son état le condamnait irrémédiablement à la chambre à gaz.

*

* *

Parce qu'Auschwitz abritait les grands chefs de l'administration militaire et recevait souvent des visites d'inspection, il y fallait, plus qu'ailleurs, de l'ordre et de la tenue. Nous avons été constamment soumis à la plus stricte discipline. Les S.S. s'étaient mis en tête de faire marcher au pas cadencé ce troupeau de Juifs, de Russes, de Polonais, de Tziganes, selon les meilleurs principes de l'école du soldat. La musique rythmait la marche des commandos partant au travail. Ailleurs un certain laisser-aller pouvait se concevoir, pas à Auschwitz. L'inaptitude aux évolutions militaires était inadmissible, elle pouvait coûter la vie. La punition consistait ordinairement en une séance de « sport ». Suivant les cas, la séance était collective ou réservée à un seul coupable.

La méthode n'est pas inédite. Elle est en usage dans toutes les casernes du monde. Mais, dans les casernes, elle dure dix minutes et les hommes qui la subissent sont en pleine santé. À Auschwitz, elle durait une heure ou davantage et on en mourait souvent. Chez les hommes d'un certain âge, le cœur claquait.

Quand il s'agissait d'une séance collective, les brutes s'acharnaient sur les plus inaptes, ce qui laissait une chance aux autres. Pour un homme seul, livré à une brute, le risque devenait terrible.

J'ai eu droit un jour à une séance individuelle. J'avais par mégarde, en arrivant au camp, rompu la cadence de la marche. Le S.S. qui surveillait la manœuvre devant le poste de garde me fit sortir des rangs et pendant près d'une heure m'imposa le torturant exercice.

— Accroupi, debout, couché, accroupi, debout, courez…

Si le mouvement était trop lent ou incomplet, si je ne fléchissais pas assez sur les jarrets, il me cinglait de sa cravache. Je savais parfaitement qu'il me tuerait si je flanchais.

Je m'en suis tiré. À Auschwitz, la résistance humaine dépassait toutes les limites imaginables.

CHAPITRE IX

POLITISCHE ABTEILUNG

C'était au quatrième mois de mon séjour à Auschwitz, en février 1944, alors que j'étais déjà parmi les plus anciens déportés et l'un des rares survivants des convois de juillet 43.

Je me trouvais sur les rangs à l'appel du soir, au retour du travail, attendant la fin des interminables pointages par lesquels on nous volait notre repos, lorsqu'un S.S. apparut. Il tenait un papier à la main. Il m'appela.

— *Häftling KESSEL, 130 665.*

Il fit un geste. Je sortis des rangs, intrigué et, bien entendu, inquiet. Que me voulait-on ? Il était tout à fait exceptionnel qu'on appelât un détenu par son nom. Je m'étais, comme les autres, accoutumé à mon seul matricule. Que signifiait cet appel insolite ? Il n'était pas question, évidemment, d'interroger le S.S.

— Suis-moi.

Je le suivis. L'homme me présentait son large dos sous la tunique noire et marchait d'un pas tranquille. Ma tête travaillait. Comme d'habitude, la crainte et l'espérance se mêlaient. Punition exceptionnelle pour une faute commise au travail ? On pouvait être dénoncé longtemps après coup. Annonce d'une prochaine libération ? L'idée absurde prenait rang, obstinément, dans mes conjectures, malgré mes efforts pour l'en chasser. J'ai passé tout mon temps de détention à étouffer d'extravagants espoirs. Cela venait des bavardages de la veillée, sur la base d'informations fausses ou fragmentaires : Hitler à genoux sur le point de capituler, tractations secrètes pour la paix, échanges de prisonniers, etc. C'était absurde mais dans le monde bouleversé de ce temps-là, rien ne paraissait impossible et c'était tellement étrange, tellement nouveau d'être appelé par son nom ! J'avais l'impression de redevenir moi-même, de récupérer ma personnalité.

Nous arrivons devant le block « 11 ». C'est l'inquiétant édifice où l'on fait des expériences, où l'on soumet des déportés des deux sexes aux piqûres et aux mutilations. L'histoire des hommes châtrés comme des moutons, et résignés comme eux, me revient à l'esprit. Mais je n'ai pas le temps de me demander si quelque savant à lunettes va me transformer en eunuque. Mon guide me conduit dans une salle du premier étage, assez vaste, où siègent, derrière de lourdes tables de bois, quatre hommes en civil. Ils me rappellent les policiers de Chalon-sur-Saône et c'est effectivement la Gestapo d'Auschwitz, les hommes de la *politische Abteilung.*

Division politique. Les déportés ne sont pas tous entièrement coupés de leur passé. Ceux qui ont joué un rôle politique ou qui ont appartenu à la Résistance ont là leur dossier. Le service a pour mission de surveiller, de dépister et de détruire les associations clandestines qui pourraient se former à l'intérieur des camps, éventuellement de conduire des enquêtes, d'obtenir des aveux ou des révélations d'un détenu, sur réquisition d'un autre service de police.

Je ne tarde pas à être édifié. Il m'apparaît tout de suite que mon affaire de transport d'armes que je croyais enterrée depuis longtemps revient à la surface. J'ignore, bien entendu, les raisons de cette exhumation tardive. Je les ignorerai toujours. Mon dossier a-t-il suivi toute une série de filières compliquées avant d'aboutir au fonctionnaire de police qui réclama un supplément d'enquête ? Ou bien a-t-on attendu que la détention m'affaiblisse et abolisse ma volonté ? Hypothèse peu valable. J'aurais pu mourir cent fois dans l'intervalle. Il se peut qu'un fait nouveau ait provoqué le rebondissement : arrestation d'un camarade du réseau qui aurait parlé de moi sous la torture. Ce n'est pas absolument improbable, mais je préfère supposer que l'action des maquisards dans la région de Dijon incite la police à ouvrir tous les vieux dossiers. Le mien est du nombre. On recherche Kessel pour lui faire dire ce qu'il sait.

L'ambiance est oppressante. Une salle à peu près nue. Seulement quelques rayons supportant des livres et des dossiers. Des tables massives. Au mur, le portrait du *Führer* et la croix gammée. Assis devant les tables, quatre hommes qui fument. Je remarque l'un d'eux, petit et blond, avec des cheveux bien lissés. Il a devant lui une tasse de café fumante, dont l'odeur parvient jusqu'à moi. Il n'interviendra qu'à la fin. Les trois autres feuillettent des papiers, sans doute des rapports d'enquête et des procès-verbaux d'interrogatoire. Ils sont lourds, avec des traits quelconques, si quelconques que je n'arrive pas, aujourd'hui, à me les rappeler. En revanche la figure du petit blond est restée gravée dans ma mémoire.

Le S.S. qui m'a conduit annonce le *Häftling* Kessel, salue et s'en va.

Me voilà seul devant mes ennemis. Faible, désarmé, costume de bagnard, cheveux rasés. J'ai ôté machinalement mon béret en entrant et je me tiens au garde-à-vous. Les hommes jettent un coup d'œil plutôt blasé sur le misérable que je suis, et ils échangent quelques propos sur mon compte. Propos que je comprends assez bien, davantage par le ton, la mimique, la grimace méprisante que par les mots : scepticisme sur l'importance de l'affaire, ennui d'avoir à conduire une enquête qui ne saurait aboutir, réflexions désabusées sur le lointain service qui réclame cette enquête… Ils parlent devant moi sans se gêner. Pourquoi se gêneraient-ils ? J'ai autant de valeur humaine qu'une bûche.

L'un d'eux me fait signe de m'approcher et l'interrogatoire commence. L'homme parle un assez bon français, parfois en cherchant longuement ses mots :

— Tu t'appelles Kessel ?

— Oui.

— Français ?

— Oui.

— *Né* à Paris le 26 juillet 1919 ?

— Oui.

— Tu habites 72, rue Claude-Decaen, à Paris ?

— Oui.

— Tu as été arrêté à Dijon le 14 juillet 1942 ?

— Oui.

— Dis-nous ce que tu faisais à Dijon ?

Voilà, nous y sommes. Il va falloir reprendre le même système de défense et donner à mes réponses l'accent de la vérité. Au bagne je suis devenu un assez bon comédien. L'art de truquer, je l'ai appris d'abord à l'école, davantage au régiment. Mais je l'ai perfectionné à Auschwitz.

— Je voulais passer la ligne de démarcation.

— Non.

— Je vous jure…

— Non.

Ce « non » est un hurlement. Je connais les coups de gueule de la Gestapo. Je sais qu'aux coups de gueule vont succéder les coups de poing.

— Est-ce que tu nous prends pour des cons ? Dis-nous ce que tu faisais là-bas.

Les deux autres policiers sont venus m'encadrer et l'un d'eux me gifle. Des larmes de rage me viennent aux yeux, mais je m'impose de continuer à mentir et à jurer que je venais directement de Paris, que je cherchais quelqu'un pour m'aider à franchir la ligne, que j'avais de l'argent pour ça…

— Et tu n'avais pas de bagages ?

— Non.

Nouvelle gifle qui me jette presque à terre.

— Tu vas nous dire la vérité. Quand on t'a piqué à Dijon, tu ne venais pas de Paris, tu venais de Chalon-sur-Saône et tu transportais des armes.

— Ce n'est pas vrai.

— Tu vas tout nous dire, Kessel. Tu vas nous dire avec qui tu travaillais. Parce que, naturellement, tu ne travaillais pas tout seul.

Je continue à me défendre, mais sans y mettre beaucoup d'ardeur. Empoigné de chaque côté par les deux brutes, je sais que je vais subir le plus terrible passage à tabac de ma carrière. Quoi que je fasse, j'ai toutes les chances d'y laisser ma peau. Pourquoi mourrais-je déshonoré ?

L'homme qui m'interroge doit comprendre à mon attitude que je ne suis pas disposé à me dégonfler. Il essaie une autre méthode.

— Écoute, Kessel, je ne veux pas te faire de mal. Tu vas nous dire tout ce que tu sais. Tu vas nous dire qui t'a donné les armes et à qui tu les apportais et en échange…

Il cherche ses mots :

— Je ne peux pas te promettre de te faire sortir d'ici. Tu comprends que ce n'est pas possible, mais je peux te trouver une planque. On peut toujours s'arranger, du moment que tu nous rends service. D'accord ?

Les deux autres qui me tiennent aux épaules ne me lâchent pas. Ils n'ont pas l'air spécialement hostiles, sans doute blasés par toutes les corrections qu'ils ont infligées à des détenus. Ils attendent simplement le moment d'entrer en action. Le petit blond aux cheveux plaqués n'a pas l'air de s'intéresser au débat. Je serre les dents. Qu'ils me tuent s'ils veulent, je ne parlerai pas, je n'avouerai rien. Pas de problème. Je vais m'enfermer dans mon obstination et, autant que possible, dans l'insensibilité et l'inconscience. À force de recevoir des coups, on y parvient.

Les coups n'arrivent pas tout de suite. L'homme continue à me parler dans son français hésitant, si près de moi que je sens son haleine empestée de tabac, me promettant diverses récompenses en échange de ma docilité, disant qu'il parlerait de moi à l'*Obersturm f ührer* commandant le camp.

À vrai dire, il n'y met pas beaucoup de conviction, soit qu'il doute du bien-fondé de l'accusation, soit qu'il ait pris l'habitude de l'échec. Il se rend compte aussi que je ne mords pas aux promesses. Si j'avoue que j'appartenais à un réseau, quelle chance puis-je avoir de conserver la vie ? Je ne crois pas que les policiers de la *politische Abteilung* aient obtenu beaucoup d'aveux dans les camps de concentration.

Il me donne le temps de réfléchir et s'entretient en allemand avec ses collègues, allume une cigarette.

— Tu veux fumer ?

— Non.

Le temps de la réflexion achevé, il m'interroge encore une fois. Sans succès. Alors il soupire :

— Tant pis pour toi !

Les cogneurs entrent en action. C'est la correction classique, à deux hommes, que j'ai déjà subie plus d'une fois. Les bourreaux se lancent la victime de l'un à l'autre à coups de poing. En quelques minutes, je suis martelé et marqué, le nez en sang, les oreilles écrasées. Je hurle, naturellement. Chaque coup sur le crâne éteint un peu plus ma conscience. Je commence à vaciller, mais je m'efforce de me couvrir, surtout de ne pas tomber, sachant qu'à terre je risque le coup de botte mortel.

On s'arrête. Je suis de nouveau invité à parler. Je continue à nier.

Nouveau martelage. Ils n'ont aucune peine à me démolir et bientôt je suis sur le carreau, roulé en boule pour protéger mon ventre, à demi évanoui, la figure gonflée et sanglante.

On me laisse là un moment jusqu'à ce que j'aie repris mon souffle. Les quatre hommes n'ont plus l'air de s'occuper de moi. Ils bavardent entre eux. J'ai un moment le fol espoir qu'ils vont s'en tenir là, que j'ai réussi à les convaincre et qu'ils vont me jeter à la porte à coups de pied.

Ils me relèvent et ils recommencent. Ils sont patients, méthodiques, adroits. Ils cherchent les coups qui font mal, sans assommer. Ils espèrent qu'à la longue je finirai par crier grâce.

Finalement, ils me traînent devant une table et ils m'installent sur une chaise. Ils ne sont pas pressés. Le temps qui coule travaille contre moi. Chaque répit contribue à détruire ma résistance en éveillant de nouveaux tourments, en laissant à la peur le loisir de grandir, d'envahir la conscience, de noyer la volonté.

Ils reviennent à moi et, cette fois, je me mets à trembler convulsivement, parce que le petit policier aux cheveux blonds qui ne disait rien est venu s'installer à côté de moi avec une trousse à la main. Il en sort des pinces de diverses dimensions, des bistouris. En même temps, il sourit gentiment en me regardant, comme s'il se préparait à un jeu. Il manipule ses outils nickelés, on dirait qu'il hésite à faire un choix.

Il n'a pas l'air méchant. Petit, presque frêle, les cheveux soignés, les yeux bleus. Il finit par choisir une petite pince, me saisit la main gauche et ajuste sa pince à l'ongle du médius, enfonce une branche de l'outil sous l'ongle pour assurer la prise.

Il tire, je crie. Il s'arrête un moment, sourit, tire de nouveau. Je vois l'ongle sortir lentement, millimètre par millimètre. Le bourreau sourit toujours, retenant fortement dans sa main gauche ma main qui tente d'échapper. Je tremble de plus en plus et je hurle. Maintenant il me lâche et me laisse regarder, à travers mes larmes, mon doigt blessé.

— Alors, Kessel, ça te suffit ?

C'est l'autre qui a parlé. Il s'est levé pour regarder le travail et de nouveau il m'interroge :

— Qui t'a donné les pistolets ?

Cette fois je suis sur le point de flancher. J'ai songé un instant à bondir, à me jeter par la fenêtre, comme le camarade qui a échappé à la castration. Mais ils sont là qui m'entourent et puis la fenêtre est fermée. Il ne me reste plus qu'une voie, l'aveu, et ils m'y poussent irrésistiblement. Maintenant c'est une lutte avec moi-même. Il faut que, de toutes mes forces, j'étouffe la tentation de parler, de dire où j'ai déterré les armes. Malgré l'atroce douleur qui me brouille les idées, je comprends que je ne pourrai pas m'en tirer à si bon compte, que cet aveu ne leur suffira pas, qu'ils m'en arracheront d'autres, avant de m'arracher la vie.

À tout prix, ne pas entrer dans l'engrenage, ne rien dire.

La suite, je m'en souviens mal parce que je perds connaissance à tout instant. Il me semble que le tortionnaire a fouillé longtemps la chair de mon doigt avec son bistouri, avant de le désarticuler à la base. Le sang macule mes vêtements. Quand ils me giflent pour me réveiller, j'ai d'affreuses nausées. La dernière vision, c'est une grosse pince brillante qui saisit le doigt tout sanglant et qui l'arrache, en tournant.

Tout se passe comme dans un rêve. Je me revois marchant vers la porte, courbé en deux, étreignant ma main mutilée avec l'autre, tout poissé de sang. Je ne sais comment j'ai descendu l'escalier. Peut-être qu'un planton m'a accompagné jusqu'à l'infirmerie. Je me souviens qu'il faisait très froid et qu'il y avait sur le sol une mince couche de neige.

*

* *

Je suis resté trois jours à l'infirmerie. J'ai eu la chance de retrouver là l'infirmier français qui m'avait déjà soigné. Il appliqua sur ma plaie de la poudre de permanganate et me pansa avec une bande de papier. La douleur, le choc, l'ébranlement nerveux m'interdisaient le repos. J'avais la face tuméfiée par les coups et des plaques noires sur tout le corps. Mais c'était dans ma main blessée que toute ma conscience et toute ma faculté de souffrir se réfugiaient. Il me semblait que je ne pourrais plus jamais m'en servir.

Il vint le lendemain un médecin détenu qui m'examina sans rien dire et passa. L'infirmier vint me refaire le pansement. Par la suite, je me soignai tant bien que mal, en saupoudrant la plaie avec du permanganate. Je descendais de mon lit péniblement et j'allais clopin-clopant à la recherche de mon infirmier qui voulait bien m'approvisionner en cachette.

Je savais que cela n'irait pas loin, qu'on ne me laissait là qu'en attendant la prochaine fournée – c'est bien le mot – de bagnards à liquider. Pas nécessaire de me sélectionner, je l'étais déjà par décision supérieure.

Effectivement, dans l'après-midi du troisième jour, alors que j'essayais de dormir, j'entendis mon nom aboyé par une voix allemande.

— *Kessel, raus, schnell !…*

Je sortis. Je me trouvai mêlé à une foule lamentable de détenus rassemblés devant le *Krankenbau*. Ils attendaient l'ordre de se mettre en marche. Leur dernière marche. Des faces blêmes de moribonds. Nous étions environ deux cents.

— *Antreten !*

Il fallait encore se mettre en rangs, s'aligner correctement. *Zu fünf,* par cinq, et marcher au pas. Les S.S. se tenaient sur les flancs de la colonne et cravachaient les traînards, et les traînards rassemblaient leurs dernières forces et couraient, pour ne pas crever là tout seuls, pour s'en aller mourir avec les autres.

— Links, links !

La dernière marche. Une résignation muette. C'est à peine si l'on entend quelques malheureux gémir. Moi aussi je suis résigné et je marche. Je ne me pose même pas de questions sur la façon dont on va nous exécuter. À quoi bon ? J'ai réussi à m'en tirer jusqu'ici, mais il fallait bien y passer un jour ou l'autre. Il y a longtemps que je suis prévenu.

Nous arrivons dans le secteur des crématoires. Les cheminées crachent leur lourd nuage de fumée. Un ciel gris. Un léger vent qui déporte la fumée.

On nous laisse là en attente, le long d'un mur.

Une nouvelle colonne de détenus arrive d'un autre côté. Des crevards comme nous. D'où viennent-ils ? Probablement d'un camp extérieur. On n'a pas pris la peine de les soumettre à un dernier examen médical.

Il en vient d'autres. Une troisième colonne. On attend sans doute qu'un nombre suffisant de détenus soient rassemblés pour remplir la chambre à gaz. C'est du moins ce que j'ai supputé par la suite. Nous n'avions à l'époque que des informations très vagues sur la façon dont on exécutait les condamnés.

Ordre nous est donné de nous déshabiller et de déposer les effets le long du mur. Nous voilà pieds nus dans la neige. Le froid nous pénètre jusqu'aux os. Nouvelle attente. J'aperçois maintenant des S.S. qui arrivent à motocyclette et qui descendent de leurs machines, peut-être pour renforcer le service d'ordre. L'un d'eux prend position à deux mètres de moi. Il est sous-officier.

Machinalement je le regarde, simplement parce qu'il est tout près. Bientôt mon attention se concentre sur lui. Cette tête-là, je ne la connais pas, bien sûr, c'est la première fois que je la vois. Mais il y a quelque chose que je reconnais tout de suite, c'est le faciès du boxeur. Nez cassé, arcades gonflées, oreilles déformées. Impossible de s'y tromper, ce sont les stigmates du ring. Il y a aussi ces fortes épaules,

140

cette façon souple de marcher. J'hésite une seconde et puis quoi, qu'est-ce que je risque ? Je m'approche, nu, intégralement nu, grelottant. Je ne sais même pas si c'est le désir de me tirer d'affaire ou simplement la sympathie naturelle, irraisonnée, qui unit les combattants du ring par-dessus les frontières. Je lui dis simplement, en allemand :

— Boxeur ?

Il me regarde surpris.

— Boxeur, *ya* !

Il n'attend pas que je m'explique, il a compris. J'ai, moi aussi, le nez cassé. Entre nous deux, le courant mystique s'est établi, en dépit des différences prodigieuses qui nous séparent. À deux pas, des hommes nus et décharnés qui tremblent de froid, oublient un instant la mort prochaine et nous regardent.

Il m'interroge.

— Où as-tu boxé ?

— Pacra, Central, Delbor, Japy, une fois au Vel d'Hiv.

Les hauts lieux de la boxe, mondialement connus. Il me semble qu'un sourire se dessine sur la face camuse, découvrant des dents métalliques. Il flotte une seconde, regarde aux alentours, puis se décide. C'est lui qui commande le détachement de S.S. J'ai tout lieu de supposer qu'il ne risque rien.

— Monte !

Le miracle s'est produit. L'homme a dégagé sa moto, lancé le moteur. Il me désigne le siège arrière. J'en crois à peine mes yeux. Je fais un geste pour récupérer mes vêtements mais il renouvelle son ordre : Monte ! Tel que je suis, nu comme un ver, je grimpe derrière l'homme, m'accrochant à la selle. Au moment même où nous démarrons, j'entends les sifflets du rassemblement.

Une fois de plus, me voilà sauf. Le S.S. au nez cassé m'a récupéré *in extremis,* aux portes de la chambre à gaz, et il m'a conduit tout droit au *Krankenbau*. Spectacle probablement jamais vu d'un bagnard nu et minable, trônant sur le siège arrière de la motocyclette d'un S.S. ! Traversant dans cette posture insolite le quartier central d'Auschwitz, devisant familièrement avec son guide, précisant sa catégorie et son poids de forme, citant les noms des entraîneurs et des champions. Le tout dans un allemand très approximatif.

Je ne l'ai jamais revu. Il appartenait sans doute au personnel des exécutions et ce personnel-là se situait dans un monde à part, strictement séparé du nôtre. Le service rendu, au nom de la boxe, n'avait pas pour nous deux la même signification. Pour moi, c'était tout. Pour lui, rien. Un ver qu'on épargne, au moment de marcher dessus. Un débris, au milieu de mille débris et qu'on retire du feu à la dernière minute, par caprice. Cet homme-là, en plus des exécutions massives auxquelles il participait, devait avoir sur la conscience des dizaines ou des centaines d'assassinats. Ancien boxeur, il ne pouvait manquer de frapper S.S., il était là pour tuer. Il m'a sauvé presque sans y penser, ou, s'il y a pensé une minute, c'était assurément pour se dire que, de toute façon, j'étais promis à la mort et que son geste ne m'accordait qu'un sursis.

Qu'importe, il s'est bien comporté. Non content de me sauver, il m'a sans aucun doute, recommandé à quelqu'un du *Krankenbau*, car j'ai été officiellement porté rentrant et maintenu là jusqu'à cicatrisation de ma plaie. Une dizaine de jours. C'était assez pour me remettre en état.

Je n'ai pas eu d'autres contacts avec la *politische Abteilung*. J'imagine que ce service a classé l'affaire, après avoir rendu compte du résultat de l'enquête. Nul ne s'est préoccupé de savoir si le *Häftling* Kessel avait été ou non gazé. Fondu désormais dans la masse mouvante des 25 000 bagnards, revêtu d'une nouvelle défroque rayée, le *Häftling* Kessel redevenait un numéro matricule. Il lui manquait seulement un doigt de la main gauche.

CHAPITRE X

ÉVASION

J'ai vécu ensuite une année entière à Auschwitz, ce qui n'est pas un mince exploit.

Mon expérience du camp, de ses structures, de ses ressources, de ses coutumes, les quelques relations que je réussis à nouer parmi les détenus les plus anciens, mon solide optimisme naturel me permirent de subsister, vaille que vaille, pendant cette année 1944.

Cet optimisme, que je devais à mon tempérament actif et volontiers bagarreur, se renforçait de la conviction que je serais sauvé. Depuis le miraculeux sauvetage opéré par le S.S. au nez cassé, chaque jour que je vivais m'apparaissait comme une compensation que le sort s'était engagé à me fournir et qu'il n'avait aucune raison valable de me refuser. Du moment que j'avais survécu aux coups, à la torture, à la maladie, à plusieurs sélections, j'avais conjuré la fatalité, acquis de haute lutte le droit de vivre jusqu'au terme normal d'une vie. De telles superstitions se développaient aisément en milieu concentrationnaire. Celle-là m'aidait à vivre, elle me délivrait, dans une large mesure, des hantises qui minaient la plupart des détenus et qui hâtaient leur fin. Certain de m'en tirer toujours, je laissais venir l'événement sans m'en tourmenter à l'avance et c'était assurément la meilleure façon de le surmonter. Je m'étais vite rendu compte que l'audace et l'insouciance payaient. Les coups tombant indistinctement sur tous, on n'y échappait pas en travaillant, en obéissant, en respectant les consignes. Il fallait tricher effrontément, mentir sans vergogne, exploiter le moindre avantage. C'est ainsi que j'affrontai sans trop de dommages les kapos les plus meurtriers, et que je vins à bout des tâches les plus dures.

Je n'ai pourtant joui d'aucune protection ni bénéficié d'aucune planque. J'ai pris ma part entière de souffrances et de périls. J'ai été comme tout le monde ravagé par la dysenterie, dévoré de plaies, réduit à l'état de squelette. Ma main mutilée a aggravé pour moi les difficultés du travail. Je n'ai pu éviter des inimitiés dangereuses et des punitions sévères. Mais j'ai lutté et je m'en suis tiré.

Une autre raison a soutenu ceux qui étaient, comme moi, en cette année 1944, des rescapés : c'était la certitude de la défaite allemande. Les nouvelles nous parvenaient malgré tout. Nos maîtres ne pouvaient totalement interdire les contacts avec la population civile. Certains commandos, ceux qui travaillaient dans les mines et les usines d'armement, obtenaient des renseignements des civils allemands et polonais, et les colportaient jusqu'au camp central. Le *Krankenbau* constituait le centre des informations.

Nous savions dès le printemps que des événements décisifs se préparaient. Coup sur coup éclatèrent en juin la nouvelle de la prise de Rome et celle du débarquement allié en Normandie. En juillet, il nous fallut quelque temps pour nous faire une idée, d'ailleurs sommaire et déformée, de l'attentat contre Hitler. L'importance de l'événement ne nous apparut pas tout de suite, tant la propagande avait minimisé l'étendue de la conspiration militaire. On apprit cependant, que des officiers allemands avaient été déportés dans la zone d'Auschwitz, exécutés en grand nombre et brûlés dans les crématoires. Nos crématoires ! Vraie ou fausse, la nouvelle autorisait la plus impatiente espérance. D'autre part, on ne contestait pas, chez les civils, que les Russes approchaient. L'étau se resserrait sur les territoires de l'Est et nous en étions proches. Les raids aériens sur les installations industrielles de la région nous apportaient la preuve de l'affaiblissement du potentiel allemand de résistance. Nous savions que des bombardements terribles dévastaient toute l'Allemagne malgré les rodomontades de Goering. En août eut lieu le débarquement en Provence.

Je savais tout cela et je m'impatientais. Il est dur de travailler pour l'ennemi – et dans quelles effroyables conditions – quand on sait l'ennemi vaincu. L'évasion, à laquelle je n'avais jamais renoncé, se présentait à mon esprit comme la meilleure solution et comme un droit. Je cherchais un moyen ou une occasion. Ceux à qui je m'en ouvrais, parce que j'avais confiance en eux – il fallait se méfier comme du feu des délateurs –, me considéraient comme un fou : les barbelés, les miradors, les S.S., les chiens dressés à flairer la trace des fuyards et à courir sur leur piste, les dénonciateurs, le pays hostile, la population civile indifférente ou terrorisée, la difficulté de se cacher, de trouver des vêtements et des vivres, l'état de délabrement physique dans lequel nous étions, tout s'opposait à la tentative. Les plus hardis l'estimaient illusoire et la propagande intérieure le proclamait. Les S.S., les kapos, les affiches dans les blocks – « Il est absolument impossible de s'évader d'Auschwitz », les pendaisons périodiques ou l'exécution par balle dans la nuque à la prison du block 10, le *Bunker…* Il y avait eu sans doute des évasions, mais c'étaient des coups de tête, des crises de désespoir ou de folie, non des tentatives méthodiquement préparées. On saisissait ces malheureux et on laissait leurs cadavres se balancer à la potence pendant trois jours. Le flair des chiens paraissait infaillible. Des bêtes redoutables, supérieurement dressées.

Les S.S., par jeu ou pour entretenir les réflexes acquis, lançaient souvent sur nous les chiens au moment des appels, les accoutumaient à saisir dans leurs gueules les bras ou les jambes qui bougeaient. Malheur à qui résistait : il fallait se laisser mordre. Ils ne lâchaient qu'au commandement, laissant la trace de leurs crocs dans la maigre chair. On savait qu'ils rattraperaient rapidement les fugitifs, si ceux-ci n'avaient pas au moins une journée d'avance et des complicités à l'extérieur. En tout état de cause, une évasion réussie, ce n'était pas franchir les frontières. On pouvait au mieux espérer rejoindre les bandes de partisans polonais qui combattaient dans de lointaines forêts et qui s'y faisaient tuer.

Ces difficultés ne m'arrêtaient pas. J'aurais accepté sans hésiter la perspective de me battre avec les maquisards des années durant. À mesure que passaient les mois, mon impatience grandissait, je me surprenais parfois à pleurer d'énervement. Il arriva un moment où j'aurais volontiers saisi l'occasion de me lancer tout seul dans l'aventure, faute de trouver des compagnons.

Ces compagnons, je les découvris par hasard dans le commando où je travaillais

Je surpris un jour une conversation furtive entre deux Polonais qui faisaient partie de mon équipe. Ils ne m'avaient pas vu. La disposition des lieux me dissimulait à leurs yeux. Je savais quatre mots de polonais glanés par-ci, par-là. J'ai dit plus haut, qu'à Auschwitz s'était créée une sorte d'idiome mixte où se mêlaient des mots slaves et germaniques et qui permettait aux détenus de se comprendre, du moins pour les activités ordinaires de la vie commune. La notion d'évasion y tenait sa place. Je saisis ce mot dans l'entretien. Je me mis à surveiller les deux hommes avec une patience extrême, profitant de tous les hasards qui me permettaient de les approcher. Je ne tardai pas à comprendre qu'ils faisaient partie d'un groupe.

Un soir, je démasquai mes batteries. Je pris à part l'un des hommes, celui qui paraissait le plus jeune et je lui fis comprendre que j'entendais filer avec eux. Il fit l'étonné et nia. J'insistai. Il me tourna le dos en m'insultant. Je devais m'apercevoir par la suite qu'il savait un peu de français parce qu'il avait travaillé dans les mines du Nord. Au début, il n'en laissa rien paraître, fit semblant de ne rien comprendre à mon baragouin. Je me doutais que j'avais affaire à un noyau de militants politiques, certainement communistes, mais le langage dont nous nous servions était trop limité pour que nous puissions échanger des idées sur ce sujet. Je n'avais du reste à l'époque qu'une formation politique sommaire et je ne croyais pas nécessaire de choisir mes compagnons ou mes complices d'après leurs opinions. Eux le croyaient. Mais, quand même j'eusse été communiste et connu comme tel, ma qualité de Français leur inspirait de la méfiance. Une barrière séparait les nationalités.

Le lendemain, je revins à la charge avec le même insuccès. Une fois de plus, l'homme se mit à proférer des injures. Dieu sait si les injures polonaises sont obscènes. Il me couvrait d'ordures. Il m'irrita. J'usai alors du seul moyen qui me restait : le chantage. Je le menaçai de dénonciation. Évidemment, je n'avais pas la moindre intention de le faire ; je savais d'ailleurs que les délateurs, même éventuels, se retrouvaient parfois sous un lit, étranglés. Mais je ne voyais pas d'autre argument. C'était un peu ignoble, mais l'impatience me dévorait, j'aurais fait n'importe quoi.

Cette fois l'homme pâlit. Son trouble était un aveu. Après avoir longtemps résisté, il me dit qu'il allait voir, qu'il allait consulter ses compagnons. Je sus qu'ils étaient quatre. J'imagine qu'ils se livrèrent sur moi à une enquête discrète. Ils pouvaient aussi bien m'assassiner si les renseignements sur mon compte se révélaient défavorables. Je me trouvais en péril avant même d'avoir engagé l'entreprise.

J'attendis quelques jours, me lassai d'attendre, harcelai mon compagnon. Il me dit encore qu'il fallait attendre, que ce n'était pas au point, qu'il me ferait signe le moment venu. L'idée qu'ils pourraient partir sans moi me rendait fou. La méfiance, peu à peu, se dissipa. Je sus que j'étais adopté lorsque l'homme commença à employer quelques mots de français.

Finalement, un soir de novembre 1944, je me vis convoqué pour une entrevue secrète, dans l'ombre d'un block, après l'appel. Les quatre hommes étaient là. Ils détachèrent l'un d'eux pour faire le guet. Ils me dirent qu'ils étaient d'accord pour m'emmener, mais qu'un doute subsistait. Ils me firent comprendre qu'ils ne redoutaient pas tant la trahison que la défaillance. Je ne les dénoncerais pas, c'était entendu, mais je pouvais flancher, avoir peur, renoncer au dernier moment ou simplement commettre quelque maladresse qui pouvait tout anéantir. En ce cas, ils me promirent tranquillement de me tuer.

Je compris cela à travers le petit nègre et la mimique qui leur servaient de langage. Je pris au sérieux la menace de mort. À quatre, ils étaient parfaitement capables de l'exécuter. Usant du même langage, je fis de mon mieux pour les assurer de ma résolution.

Celui qui parlait et qui visiblement prenait la charge du commandement était un Polonais d'environ quarante-cinq ans que j'avais remarqué dans l'usine où nous étions alors employés, sans soupçonner le rôle qu'il jouait. Un homme d'apparence tranquille qui travaillait consciencieusement et sans rien dire. Je compris qu'il avait du sang-froid et de l'énergie, sans doute aussi une longue expérience de l'action clandestine. Il m'exposa son plan.

Lorsque j'y réfléchis aujourd'hui, j'admets que ce plan pouvait réussir, en dépit de son apparence insensée. Il s'agissait de quitter le chantier en plein jour et de gagner, à six heures de marche, une maison isolée où l'un des Polonais avait un parent, dûment prévenu. À partir de cette maison, une chaîne de complicités nous conduirait hors de la zone dangereuse.

Bien entendu, il avait fallu le hasard de cette parenté. Sans elle il n'y avait pas d'évasion possible. L'indispensable liaison avec l'extérieur avait pu s'établir grâce aux contacts avec les civils employés dans les usines. Les Polonais d'Auschwitz, relativement plus unis que les autres détenus, se trouvaient encore favorisés par la proche présence d'une population dont ils pouvaient obtenir le soutien.

Le départ en plein jour, à partir d'un chantier, se justi-
fiait. L'évasion de nuit, en apparence plus commode, se
révélait irréalisable tant les barrages étaient nombreux. Je
n'ai d'ailleurs jamais entendu parler d'un départ de nuit à
travers les barbelés qui cernaient le camp. En revanche, on
pouvait aisément sortir d'un chantier. Le problème était de
le quitter sans éveiller l'attention, et de progresser assez vite
pour gagner la course-poursuite qui ne pouvait manquer de
s'engager. Tout dépendait de l'avance dont on disposait au
moment où l'alerte était déclenchée.

*
* *

Quatre jours après, nous tentions le coup aux premières
heures de la matinée.

Nous avions convenu de nous rassembler *au Holzplatz*
– le chantier où l'on déchargeait le bois – au signal donné
par notre chef. Nous étions répartis dans deux commandos
différents occupés dans une usine de fabrication de matériel de guerre, à quinze cents mètres d'Auschwitz. Je reçus
le signal vers huit heures. J'avais un prétexte pour quitter
mon établi. Le plus ordinaire des prétextes, la dysenterie,
avec bien entendu l'art de simuler l'urgence. Le *Vorarbeiter*
dont je dépendais y consentit, non sans m'inviter à faire vite.
Je savais qu'il avait plusieurs équipes à surveiller, qu'il se
tenait en permanence à l'autre bout de l'atelier, et qu'il ne
s'apercevrait pas aisément de ma disparition.

Donc rassemblement sur un point du vaste terre-plein où
circulent les camions chargés de matériel et les équipes de
manœuvres. Le chantier est gardé par un *Posten*. Il ne peut
évidemment tout surveiller, bien qu'il soit placé à l'endroit
le plus favorable.

Mes quatre Polonais arrivent au rendez-vous à quelques
secondes d'intervalle. Ils sont munis de pelles et de pioches.
Nous avons repéré une charrette à bras avec laquelle, à
certains moments, des équipes de corvée transportent du

sable. L'un de nous saisit les brancards et les autres suivent, leur outil sur l'épaule. Aux yeux de la sentinelle qui nous regarde passer, rien ne nous distingue d'une équipe quelconque. Du reste, il y a là beaucoup de monde. Deux ou trois cents travailleurs, occupés à des tâches diverses. Ils chargent des camions, en déchargent d'autres, poussent des wagonnets, creusent ou nivellent le sol, toujours au rythme rapide imposé par les kapos. Sous les cris, les injures et les coups. Aucune raison pour que la sentinelle s'intéresse spécialement à nous.

Au milieu de tous ces bagnards et vêtus comme eux, nous passons inaperçus. Il s'agit maintenant de s'éloigner et de gagner la route, seule voie d'accès à l'usine. Il vaut mieux franchir le passage sans se faire interpeller. Il y a un vaste tas d'ordures et de débris à la limite du *Holzplatz*. Souvent, à l'heure de la soupe, les plus affamés vont rôder par là, dans l'espoir de ramasser quelques détritus à manger. L'un de nous contourne le tas d'ordures avec sa charrette, un autre grimpe dessus fait mine de manœuvrer sa pelle et profite du moment où le S.S. tourne le dos pour se laisser glisser de l'autre côté. À tour de rôle, nous l'imitons.

C'est fait. Nous sommes maintenant hors du chantier. Il s'agit de prendre du champ sans toutefois courir. Ne pas éveiller l'attention et ne pas, non plus, s'épuiser prématurément. Nous marchons sur la route, d'un pas régulier, sans tourner la tête.

Une route droite, bien entretenue. Temps froid et humide. Le sol a été mouillé par les pluies de la nuit précédente. Un ciel couvert. Nous savons qu'à moins de cinq kilomètres il faut quitter la route et progresser en terrain découvert, après avoir abandonné la charrette. Progresser le plus vite possible, en direction d'un point que mes compagnons connaissent. Pas moi.

Les premiers kilomètres ont été parcourus. Personne ne s'est aperçu de rien. Si des camarades nous ont vus partir, ils n'ont rien dit. Peut-être ne se sont-ils même pas posés de questions. Rien n'empêche que nous ayons reçu un ordre de corvée. Seuls nos chefs d'équipe pourraient s'apercevoir qu'il leur manque des hommes et quand même ils s'en apercevraient, ils ne songeraient pas tout de suite à une évasion. Ce n'est pas tellement fréquent.

Nous avons sensiblement accéléré dès que nous nous sommes sentis hors de portée des regards. Entre nous, pas une parole. Nous avons emporté dans nos poches une petite provision de pain, économisée les jours précédents, et nous mangeons en marchant.

Nous arrivons à un virage. La route contourne une hauteur. C'est là qu'il faut descendre dans les champs, avancer en ligne droite. À cent mètres, il y a une ferme, une bâtisse assez misérable. Peut-être abandonnée ou évacuée par ordre des autorités allemandes. En tout cas, nous n'apercevons pas un seul paysan. Nous n'allons pas jusqu'à la ferme. Nous laissons la charrette dans le champ, assez bien dissimulée dans un creux. De là, nous partons en nous écartant les uns des autres. Nos galoches s'enfoncent dans la terre molle.

Sous ce ciel bas et gris, dans cet air chargé d'humidité, la vue ne porte pas très loin et cela nous rassure un peu. Du haut des miradors d'Auschwitz on apercevrait peut-être à la jumelle les cinq bagnards en tenue, rayée qui progressent en file indienne, assez éloignés les uns des autres, perdus dans l'immensité découverte. Mais l'alerte ne semble pas avoir été donnée.

Nous arrivons derrière la colline et nous retrouvons la route qui serpente à moins de trois cents mètres. C'est dangereux. Chaque véhicule circulant sur cette route transporte des ennemis. La seule solution, quand nous entendons le ronflement d'un moteur, c'est de se plaquer au sol, de rester là, immobile, de façon à se confondre avec la terre. Le moindre mouvement peut attirer sur nous un regard. Attendre, le nez dans le sillon, que le véhicule ait disparu à l'horizon pour reprendre la marche.

À certains endroits, nous nous sentons si découverts que nous progressons en rampant. C'est épuisant. Malgré le froid, nous sommes trempés de sueur. Il est important d'éviter autant que possible les terrains plats, de courir en file indienne dans les creux, de rechercher, quand c'est possible, le couvert des arbres. Il y en a peu. Nous nous fions à notre chef qui marche en tête.

Vers dix heures, un détachement de motocyclistes apparaît sur la route. De très loin nous est parvenu le bruit crispant des moteurs. Rien ne nous protège, ni arbres, ni relief de terrain et les motards nous verraient, malgré la distance, aussi aisément que nous les voyons nous-mêmes. Il faut se jeter sur le sol, immobiles comme des souches. Je suppose que les autres sont comme moi, qu'ils crèvent d'angoisse. Je vois mon compagnon le plus proche remuer les lèvres comme s'il se parlait à lui-même, ou comme s'il priait.

Les motocyclistes s'éloignent. Le bruit décroît régulièrement. Ce n'est pas une patrouille de recherche. Du moins, rien ne semble l'indiquer.

Nous continuons.

Il est environ onze heures lorsque nous entendons les mugissements lointains des sirènes. Nous recommençons à trembler. S'il ne s'agit que d'une alerte aux raids ennemis, rien de mieux ! Nos gardiens seront trop préoccupés de se mettre à l'abri des bombardements pour penser à nous.

Mais s'il s'agit d'une alerte à l'évasion !

Incapables d'en juger, nous nous hâtons, nous courons jusqu'à l'épuisement. Nous sommes déjà loin d'Auschwitz, nous avons parcouru une assez longue distance, difficile à évaluer mais qui doit être supérieure à six kilomètres. Malheureusement, nos maîtres ont des véhicules et ils savent bien quelle direction nous avons pu prendre. Le territoire à explorer n'est pas illimité. D'instinct, nous obliquons loin de la route et nous filons sur notre gauche vers un bois qui nous paraît susceptible de nous dissimuler. Avant de l'atteindre, il nous faut une fois de plus nous aplatir au sol parce qu'une nouvelle équipe de motards sillonne la route. Par prudence, nous gagnons le bois en rampant, et nous nous enfonçons sous les arbres.

Conseil de guerre. Nous sommes cinq bagnards assis sur le sol, dans l'humus odorant du sous-bois, mouillés par notre sueur et glacés par le vent qui s'est levé, le pyjama souillé de terre humide.

Notre chef prend la parole en hésitant. Il est plus que nous dévoré d'angoisse parce qu'il a la charge de nous conduire. Il propose que nous passions la journée, cachés au plus épais du bois, de façon à reprendre la route à la nuit tombée, lorsque nos poursuivants auront constaté l'insuccès d'une journée de recherches et que l'obscurité nous permettra d'avancer sans risque.

Un autre, estime que la tactique est dangereuse. Nous allons nous faire prendre au piège. Il y a les chiens qui découvriront rapidement nos traces. Et quand même nos traces seraient effacées, il n'y a pas tellement de terrain à fouiller. Le mieux est donc de nous séparer et de partir tout de suite, en nous déployant le plus largement possible. Les chiens se rassembleront peut-être sur la même piste et les poursuivants ne rattraperont pas tout le monde.

L'idée est assurément valable, mais elle me convient mal. Si cette tactique est adoptée, je suis l'homme sacrifié. Je ne connais pas le pays et je n'ai aucun moyen de rejoindre l'asile prévu. Je m'oppose donc au projet, bien certain du reste que mon opposition est purement platonique et que, si mes Polonais décident de m'abandonner à mon sort, ils le feront sans le moindre scrupule.

Mais ils ne le font pas, ils se rallient finalement au premier projet. Non pas parce qu'ils hésitent à me sacrifier, mais parce que l'isolement ne tente personne. En outre, il y a l'extrême fatigue accrue par l'angoisse, la faim, la soif. On n'a pas le courage d'affronter une nouvelle étape, bien que

le Polonais qui connaît la région nous assure que le but est
à deux heures de marche.

Dans l'état où nous sommes, deux heures de marche en
terrain presque constamment découvert, avec le danger qui
rôde, c'est une montagne à soulever. Nous nous couchons
sur le sol.

*
* *

Une heure passe. Nous n'échangeons pas une seule parole.
À quoi bon ! Rien désormais ne dépend plus de nous. Si
j'étais croyant, je prierais…

Il commence à tomber une pluie très fine qui contribue
encore à nous glacer. Comme d'habitude, nous nous grou-
pons et nous serrons les uns contre les autres. Vieux réflexe
animal des camps où les corps misérables se rapprochent
pour offrir moins de prise à la misère. Je me mets à songer
intensément à ma famille, à mon frère aîné tué à Zuydcoote,
au cadet prisonnier dans un stalag, à mes parents…

Je sais que Paris est libéré depuis trois mois. Le souvenir
de Paris m'obsède.

*
* *

Il doit être à peu près deux heures de l'après-midi lorsqu'un bruit lointain de moteur nous parvient. Un bruit qui
cesse et qui reprend.

L'un des Polonais se lève et grimpe sur un arbre. Il va ins-
pecter l'horizon. Attente inquiète. Nous nous raccrochons à
l'espoir que ce n'est rien, qu'il s'agit toujours de transports
sur la route qui conduit à Auschwitz.

L'homme redescend très vite. Je revois ses yeux agrandis
dans sa figure osseuse. Il parle dans sa langue, mais je n'ai
pas besoin qu'on me traduise. Il a aperçu des motos qui circulent lentement, qui s'arrêtent. Aucun doute, ce n'est pas
un transport, c'est une patrouille.

Une impulsion irraisonnée nous soulève et nous pousse à fuir. Voilà que nous courons entre les arbres comme des forcenés, sans même savoir où nous allons ; mais nous nous arrêtons presque aussitôt. À moins de trente mètres, c'est encore l'espace découvert et nous ne pouvons pas l'ignorer. Complètement démoralisés, nous revenons au même endroit et nous restons là, incapables de prendre une décision, incapables de penser.

Bientôt les bruits reprennent comme si la patrouille revenait. Je n'ai jamais su quelles ont été les manœuvres des poursuivants, ni depuis combien de temps ils opéraient. Je n'ai jamais su comment notre fuite a été découverte. Il est probable que les S.S. ont commencé à nous chercher longtemps avant le signal d'alarme. Je ne suis d'ailleurs pas sûr que l'appel des sirènes ait été un signal d'alarme.

Ce qui annonce infailliblement notre capture prochaine, c'est l'aboiement des chiens. D'abord lointains, à peine distincts. C'est la voix rauque et basse du chien au travail, s'élevant à intervalles réguliers. Puis les aboiements se multiplient, les bêtes s'excitent. Un moment, ils semblent s'arrêter, le bruit décroît et meurt. Faux espoir. Les cris reprennent, s'amplifient ils sont maintenant tout proches.

Alors nous nous levons dans un sursaut de désespoir. Nous allons vendre notre vie. Avec les branches qui jonchent le sol, nous faisons des gourdins et des massues. À coup sûr, nous allons être mitraillés à bout portant par les soldats. Peut-être pourrons-nous en assommer un avant de mourir…

Les chiens surgissent et se jettent sur nous dans un effrayant concert d'aboiements. Ils nous cernent. Nous nous adossons les uns aux autres. Avec nos branches d'arbre, nous les maintenons à distance. Il en vient d'autres. En un instant, nous sommes entourés par une meute hurlante. Pendant cinq ou six minutes, nous allons être immobilisés par un cercle de bêtes qui bondissent sur nous la gueule ouverte.

Tout à coup, c'est une rafale de mitraillette, au-dessus de nos têtes. Une voix nous crie, en allemand :

— Ne bougez pas ! Jetez ce que vous avez dans les mains !

Ils ont progressé vers nous en se cachant, craignant sans doute que nous n'ayons des armes. Puis ils se montrent, la mitraillette braquée, hurlant de nouveau la sommation :

— Lâchez ça ou nous tirons !

Allons, la partie est perdue. Nous jetons nos armes dérisoires. Aussitôt les chiens sont sur nous avec des cris enragés et nous ne pouvons plus les chasser. Je prends pour mon compte des morsures aux cuisses. Les bêtes sont comme folles et les S.S. ont du mal à les reprendre en main. Eux aussi sont excités et plutôt joyeux, comme des chasseurs après une bonne prise. Un autre groupe de soldats arrive, guidé par les aboiements. Bientôt il y a une douzaine d'hommes autour de nous qui, naturellement, nous frappent. Je reçois un coup de pied au ventre qui me plie en deux. Ils nous injurient, nous appellent **Hurensohn** et **Schweinsdreck** mais ils semblent s'amuser, comme si notre capture avait fait l'objet d'un pari entre deux équipes.

Pour nous, tout est fini. Cette espèce de morne soulagement que j'ai déjà ressenti en présence de la mort, je l'éprouve à présent. Mes compagnons sont comme moi, résignés mais sans faiblesse. Nos ennemis ne verront pas une larme, n'entendront pas une plainte. On nous lie les mains derrière le dos et on nous pousse à coups de botte.

— En avant !

CHAPITRE XI

SOUS LA POTENCE

Retour à Auschwitz.

Les mains liées derrière le dos, nous avons rejoint la route et repris le chemin du bagne. Au pas de course, les motos derrière nous, les chiens nous aboyant aux fesses. On nous a tout de même laissé souffler de temps en temps, parce qu'on voulait nous ramener vivants. Nous étions, en arrivant, ivres de fatigue. On nous faisait marcher à coups de pied.

Arrêt quelques instants devant la porte. J'avais espéré ne plus jamais la revoir, cette porte, avec l'odieuse inscription qui la surmontait.

Le sous-officier du poste de garde releva soigneusement nos matricules, puis on nous conduisit à la *Kommandantur* pour nous interroger.

C'est un officier qui s'occupe de nous. Jeune, élégant, ennuyé sans doute d'avoir à perdre son temps avec nous. Il nous regarde à peine. Il nous demande si nous avons des complices, à l'intérieur ou à l'extérieur du camp. Il est assisté de deux *Schreiber* qui parlent le polonais et le français. Nos réponses sont brèves.

— Ils disent qu'ils n'ont pas de complices.

Les coups pleuvent. C'est prévu. Les mains liées, nous ne pouvons pas parer les coups. J'en ai pour ma part tellement reçu que je ne les sens plus. On répète la question, en insistant, en nous secouant, en criant. Mais nous leur opposons désormais un visage de bois. Alors ils se lassent. L'officier prononce négligemment, en allumant sa cigarette :

— Dites-leur qu'ils vont être pendus. Et les *Schreiber* répètent, en aboyant :

— Vous allez être pendus !

On nous pousse dehors.

— *Raus !*

C'est tout. Notre procès n'a pas duré longtemps.

On nous conduit maintenant au *Bunker*, c'est-à-dire à la prison. Mais on ne nous enferme pas en cellule. On nous laisse ensemble sous la garde d'un *Posten*, dans une salle vide. Nous savons que la sentence va être exécutée le soir même, à l'heure de l'appel. Aucune raison de remettre au lendemain. Nous nous asseyons par terre, le dos appuyé au mur, les mains toujours attachées.

Chose étrange, nous nous mettons à deviser, peut-être pour échapper à nos pensées. C'est le plus vieux des Polonais qui laisse échapper une réflexion, en essuyant avec son épaule le sang qui coule de son nez. Il parle lentement, d'une voix sourde. J'essaie de comprendre.

— Qu'est-ce qu'il dit ?

— Il dit que nous aurions dû partir l'après-midi, pas le matin.

Nous voilà engagés dans une discussion, entrecoupée de silences. Partir l'après-midi, c'était peut-être mieux en effet. La nuit serait vite arrivée et nous aurait dissimulés. Mais l'alerte pouvait aussi survenir plus vite. On nous aurait rattrapés tout de suite… N'est-ce pas absurde de discuter, maintenant que tout est fini ?

Un peu plus tard, un autre soupire.

— On aurait dû attendre.

— Pourquoi ?

— Il paraît que les Russes sont à moins de cent kilomètres.

Exact. Mais justement l'avance des Russes pouvait justifier notre tentative d'évasion. Qui sait si nos gardiens n'avaient pas l'ordre de nous massacrer tous au dernier moment ! De toute façon, pourquoi ces regrets puisque tout est perdu ? Qu'on en finisse, le plus vite possible !

Le *Posten* passe et repasse devant nous, avec sa mitraillette accrochée à l'épaule. La nuit commence à tomber. Je suis accablé, vidé de mes dernières forces. Je ne sens plus qu'un immense besoin de dormir. Qu'on en finisse, bon Dieu, qu'on en finisse !

On nous a conduits, un peu avant six heures du soir, devant les potences. Elles ont été dressées à proximité de l'entrée, de telle façon qu'on puisse les voir de toutes les allées où les détenus vont se ranger pour l'appel du soir. Cinq potences soigneusement alignées. Cinq cordes. Au-dessous, une trappe, qu'on actionne à l'aide d'un levier. Les projecteurs s'allument au moment où nous arrivons.

Les potences sont à gauche, en regardant la porte du camp. À droite, le bordel. De l'autre côté de l'allée centrale, il y a les musiciens, installés sur leur plateau. C'est l'heure où les commandos vont rentrer du travail. Les musiciens se préparent. C'est à peine s'ils jettent un coup d'œil dans notre direction. Ils ont cet air morne et absent que je leur ai toujours connu. Quelques-uns doivent être là depuis plusieurs années. Le spectacle de la mort est tellement banal à Auschwitz, et ils ont assisté à tant de pendaisons que la nôtre les laisse indifférents. Qu'est-ce que cinq morts de plus dans le total quotidien des morts ? Ils sont là pour faire de la musique, non la musique triste et lente des funérailles, mais une musique vive, alerte, entraînante.

C'est ainsi à Auschwitz.

Les S.S. qui nous ont escortés ont pris position à droite et à gauche des potences. Les kapos chargés de nous pendre nous placent debout, bien alignés, chaque condamné devant sa corde. Ensuite ils nous attachent les pieds. Quelqu'un apporte une collection de pancartes qu'on va nous accrocher sur la poitrine. De larges cartons blancs où s'étale une inscription allemande, en lettres capitales :

J'AI TENTÉ DE M'ÉVADER.

ON NE S'ÉVADE PAS D'AUSCHWITZ.

JE MÉRITE LA MORT.

Nous pendre, dans l'esprit des Allemands, ce n'est rien, ce n'est pas cela qui les intéresse. Faire un exemple et terroriser ceux qui auraient envie de s'enfuir, c'est encore secondaire. Il n'est pas tellement indispensable d'inspirer à ce troupeau de condamnés la peur de mourir. Ce que nos maîtres désirent, pour cette cérémonie, c'est qu'elle soit une cérémonie soigneusement réglée, avec du caractère et de la grandeur. À l'image des grands rassemblements présidés par Hitler, une mise à mort à Auschwitz est un spectacle. Un spectacle où la foule, elle aussi, figure. Il convient que ce soit vaste, colossal, écrasant, qu'il n'y ait pas la moindre erreur, pas la moindre fausse note. Depuis l'état-major S.S. jusqu'au plus minable des spectateurs en tenue rayée, chacun doit tenir son rôle avec une attention extrême. Il faut que les commandos soient alignés dans un ordre parfait, que la musique joue les airs qui conviennent, que l'officier chargé de présider et de prendre la parole ne s'embrouille pas dans son discours, et que les condamnés eux-mêmes meurent correctement.

Alors l'*Obersturm führer* qui commande le camp se déclarera peut-être satisfait…

*

**

La musique éclate. C'est le premier commando qui revient du travail et qui franchit la porte du camp. Les projecteurs inondent la cour de lumière.

— *Mützen ab !*

Les hommes, avançant au pas cadencé par rangs de cinq, passent dans l'allée, évoluent sur le terrain découvert et viennent prendre position devant un block, face aux potences. Bien droits, alignés au centimètre, comme des soldats d'élite. Les visages sont immobiles, mais les yeux nous regardent intensément. La plupart sont des jeunes qui voient cela pour la première fois. La vie à Auschwitz est si brève qu'il y a peu d'anciens, peu d'habitués des pendaisons.

D'autres arrivent.

— *Links ! Links !*

Je cherche des figures amies. J'en verrai dans le deuxième, dans le troisième commando. J'aperçois deux camarades que je connais bien, marchant côte à côte, des Français. Ils jettent sur moi, en passant devant la potence, un regard effaré. Alors j'ai les yeux qui se mouillent et il me faut réprimer mes sanglots.

Pendant plus d'une heure, les groupes défilent, au même pas régulier, rythmé par la musique, les galoches frappant toutes ensemble le sol goudronné. Petit à petit, tous les espaces libres se remplissent. Une armée de vingt-cinq mille bagnards. Tous en casquette et tenue rayée, tous au garde-à-vous. À mesure que les commandos arrivent, les kapos procèdent à l'appel. Quand le dernier appel sera terminé, l'armée des bagnards aura droit au spectacle de la quintuple pendaison.

*
* *

La musique s'arrête. Grand silence. On voit arriver un groupe de S.S. de haut grade, les seigneurs du camp, élégants et détendus. Ils viennent assister au supplice, s'installant à quelques mètres de la potence, bavardant entre eux sans même nous jeter un regard. Leurs bottes accrochent la lumière.

L'officier chargé du discours se détache du groupe, fait face à la foule et prononce, en aboyant, une allocution qui dure trois minutes. Il fait connaître les raisons de notre condamnation, puis il commente ce qu'on a écrit en grosses lettres sur nos pancartes : que personne ne peut s'évader d'Auschwitz, que c'est une folie, etc. Puis il reprend sa place avec les autres, se met au garde-à-vous et fait un signe.

L'opération va se faire en ordre, de gauche à droite, et je suis justement le dernier à pendre. J'aurai le privilège d'assister à la mise à mort de mes camarades. Les deux kapos s'approchent, saisissent le premier Polonais par les épaules et le hissent sur l'estrade. Ils lui passent la corde au cou et font basculer la trappe. L'homme a crié, dès qu'il est monté sur l'échafaud :

— Vive la Pologne, vive la liberté !

Il me semble que j'ai entendu comme une rumeur monter de la foule au moment où le Polonais a lancé son cri. Et puis à partir de cette vision de l'homme qui se débat au bout de sa corde, je ne me souviens plus. Je me suis mis à vivre à l'intérieur de moi-même avec une prodigieuse intensité, toute mon attention fixée sur des images surgies de mon passé. Je me rappelle très bien le premier pendu qui s'agite et qui tourne sur lui-même, avec les mains attachées dans le dos et le vaste écriteau qui le couvre jusqu'au ventre. Mais les suivants, je ne me souviens pas. Est-ce qu'ils ont crié aussi : vive la Pologne ? Je n'en sais rien. Ce que j'ai retenu, c'est le film qui s'est projeté dans ma conscience, qui m'a fait revivre, de façon désordonnée et fragmentaire, des scènes de ma vie passée, de ma vie familiale surtout. C'est l'image de ma mère qui m'est apparue au dernier moment.

*
* *

Puis la corde a cassé.

Je ne me suis rendu compte de rien. J'ai perdu connaissance sous le choc brutal.

J'ai su par la suite que la foule des bagnards a poussé un *ah !* immense lorsque la corde s'est rompue sous mon poids, peut-être parce que l'un des deux kapos est resté accroché à moi, pendant que l'autre actionnait la trappe. On a vu, paraît-il, les deux hommes hésiter un moment, pétrifiés d'étonnement, puis se pencher sur moi, me tirer par les épaules, desserrer la corde dont un morceau me pendait dans le dos, enlever ma pancarte.

Moi, je me suis réveillé à ce moment-là. À moitié. Comme si je vivais un rêve, surtout conscient des douleurs insupportables que je sentais dans mon cou et dans mon dos. Encore incapable de fixer le souvenir de ce qui se passait autour de moi. J'avais la bouche pleine de sang.

Il paraît que les kapos ont fait sortir des rangs deux hommes pour m'emmener. Deux hommes qui m'ont saisi par les épaules, un de chaque côté, et qui m'ont emporté, mes pieds encore entravés traînant sur le sol.

J'ai su que dans les rangs des détenus, toujours figés au garde-à-vous, avait circulé le bruit qu'on me faisait remise de la vie. C'est une vieille coutume de gracier les condamnés s'ils survivent au supplice. Selon certains des témoins, la décision de grâce aurait été prononcée sur-le-champ par le commandement et propagée par les kapos. Selon d'autres, les officiers n'ont rien dit ; la rumeur est née spontanément dans la foule et personne n'a démenti par souci, peut-être, de laisser croire à la bienveillance allemande, ou par pure indifférence.

En fait, il n'a jamais été question de me gracier. Les S.S. n'ont jamais gracié personne.

J'ai entendu, comme d'autres, ce fabuleux récit : une petite fille de dix ans aurait survécu à la chambre à gaz. Le seul cas que le *Sonderkommando ait* jamais constaté ! Elle s'est trouvée coincée entre plusieurs corps, tassés étroitement les uns sur les autres, de telle sorte qu'une poche d'air s'est formée, suffisante pour qu'on la retrouve, inanimée mais vivante, au milieu du tas de cadavres. Les S.S. ne l'ont pas graciée. Elle est morte le lendemain, piquée au cœur par un médecin, au block des expériences.

Quand je repris tout à fait conscience, j'étais au *Bunker*. Je me retrouvai dans la même salle où j'avais été gardé avec mes quatre compagnons. Incapable de me tenir debout, gémissant, un goût de sang dans la bouche. Je n'avais aucune idée de ce qui s'était passé. Pour reprendre pied dans le réel, il me fallait le témoignage de quelqu'un. Ce quelqu'un, je le vis subitement se dresser devant moi : Jakob, kapo en chef du *Bunker* et tueur officiel.

Je le connaissais de vue et de réputation. Quelques années avant la guerre, il avait été l'entraîneur du fameux boxeur allemand Max Schmelling qui fut un temps champion du monde. Interné depuis longtemps à Auschwitz comme Juif et aussi, je crois, comme communiste, Jakob était devenu kapo. Il gardait les prisonniers punis de cachot et les tuait, quand on lui en donnait l'ordre, d'un coup de revolver dans la nuque.

On m'avait laissé là, à terre, comme une bête blessée, les mains et les pieds encore attachés, saignant, respirant mal, souffrant affreusement du dos. J'avais la tête pleine d'images confuses. Jakob me détacha, me mit sur mes pieds, passa son bras sous mes aisselles et, me portant à moitié, me conduisit jusqu'à une cellule. Il m'allongea sur une paillasse et se tint debout devant moi.

C'était un homme de haute taille, bâti en force, vêtu du costume bleu rayé des bagnards et coiffé d'une *Mütze* noire. Des rides profondes dans sa figure de vieux boxeur. Une figure large, froide et figée. Il me regardait et ne disait rien. C'est moi qui l'interpellai d'une voix enrouée :

— Qu'est-ce qui s'est passé ? Qu'est-ce que je fais ici ?

Il ne comprenait pas le français :

— *Was ist passiert ?* répétai-je.

— La corde a cassé.

Il le dit en allemand. Il me fit comprendre, avec des gestes, que la corde s'était rompue, que j'étais tombé, qu'on m'avait transporté au *Bunker*. Il me fallut du temps pour saisir.

Ainsi la mort n'avait pas voulu de moi ! Sous la potence, je l'avais appelée, cette mort, de toute mon impatience. Et maintenant que le destin me tirait d'affaire, une fois de plus, je retrouvai l'espoir de vivre. La volonté de tenir, de m'accrocher, de résister.

Je me dressai sur ma paillasse, appelant l'homme qui déjà se détournait pour s'en aller :

— Et maintenant ?

Il met les mains dans ses poches, il hausse les épaules :

— Maintenant, une balle dans la tête !

Il dit cela calmement, en me regardant de côté. Il n'y a rien dans son regard, ni dureté, ni commisération. Il m'apprend simplement qu'il a l'ordre de me tuer et qu'il me tuera. Il est là pour ça. Il est le bourreau du camp, chargé des exécutions au revolver. Chaque détenu condamné à mort pour faute grave, lorsqu'il n'est pas abattu sur-le-champ par les S.S., est conduit au *Bunker* et confié à Jakob. La potence est utilisée pour les exécutions collectives, principalement pour les tentatives d'évasion. Quand il s'agit d'un cas isolé, une balle dans la nuque suffit. Jakob a tué de sa main des centaines de déportés. Les cadavres, il les fait transporter au crématoire, après les avoir dévêtus.

Il est également le geôlier en chef. Il a la garde des cachots où l'on enferme les hommes punis de prison. Les cellules sont si basses et si petites qu'on ne peut s'y tenir ni debout, ni couché. On y vit dans une obscurité totale. Si la détention se prolonge, on y meurt.

Ainsi Jakob m'avertit qu'il a mission de me mettre à mort tout de suite. Néanmoins, il m'accorde un sursis. Comme il ne peut faire évacuer les cadavres qu'au matin, il m'autorise à vivre jusque-là. Il ne s'agit pas de bienveillance. Je comprends assez bien ce qu'il dit pour m'éviter toute illusion. Qu'il garde jusqu'au matin un homme vivant ou un cadavre, quelle différence ? Il dormira aussi bien dans les deux cas.

Je ne dis rien. Je n'ai rien à dire. La loi est la loi. On nous a appris à Auschwitz à obéir et nous obéissons. Jakob referme la porte et m'enferme à clef. J'entends le bruit de ses pas décroître dans le couloir.

Je reste là, prostré, gémissant, flottant entre la veille et le sommeil, reprenant conscience de temps en temps pour fixer mon attention sur des images bizarres, plus ou moins délirantes. L'espoir qui s'était éveillé une minute s'est éteint. J'ai subi si longtemps l'action de l'énorme machine à broyer les hommes ! En outre, je suis malade, je souffre, je suis épuisé. J'aspire à dormir et je m'assoupis par instants. Chaque fois la souffrance me réveille, car il y a des douleurs fulgurantes qui me traversent le dos lorsque je fais un mouvement.

Il me faut au moins une heure pour reprendre un peu le contrôle de ma pensée. Lorsque j'arrive enfin à aligner correctement deux idées, l'espoir, de nouveau, renaît. Un espoir fragile, vite étouffé, mais renaissant sans cesse et grandissant, à mesure que ma mémoire retrouve ses souvenirs. J'ai une chance de m'en tirer. Jakob est un ancien boxeur. La solidarité du sport peut jouer avec lui comme elle a joué avec le S.S. Peut-être mieux.

Il y a là une possibilité que je n'ai pas le droit de négliger. Pas le droit de m'abandonner, de laisser ma peau, sans lutte, à l'ennemi.

Je titube. J'appelle de toutes mes forces : « Jakob ! Jakob ! », en tapant sur la porte aussi fort que je peux.

Et s'il ne veut rien entendre ? S'il se met à m'insulter en allemand comme font tous les kapos, dès qu'on a l'audace de les interpeller ? S'il me frappe ?

Alors tant pis, je suis bien décidé. De toutes les forces qui me restent, je lui enverrai mon poing dans la gueule. Pour qu'il me tue tout de suite !

*
* *

Jakob est venu.

Il devait être en train de manger, parce qu'il s'essuie encore la bouche en me parlant. Il a refermé la porte derrière lui et il a remis la clef dans sa poche. Il me regarde de ses yeux froids.

— Qu'est-ce qu'il y a ?

Nous sommes debout l'un et l'autre. Face à face. Une fois de plus, le destin va se jouer. Les chances sont minces. Jakob est un vieux bagnard qui a sans doute, la confiance des S.S. Peut-être est-il lié à eux par je ne sais quelles monstrueuses complicités. Il dispose donc d'un grand pouvoir. Mais il est difficile d'escamoter un condamné à mort, surtout lorsqu'il s'agit d'un homme dont l'aventure est connue de 25 000 témoins. Retrancher un misérable d'un lot de plusieurs centaines de misérables, comme ce fut le cas devant la chambre à gaz, c'était relativement facile. Le sauveur appartenait à la race des seigneurs et il ne risquait rien à jouer le rôle de sauveur. Tandis que Jakob n'est qu'un détenu. Et un Juif. Lui demander de me sauver, n'est-ce pas lui demander de se perdre ?

Qu'importe ! Je tente ma chance. Je lui débite mon discours, moitié allemand, moitié français. Je lui dis qu'un boxeur ne peut pas tuer un boxeur. Que lui, l'ancien champion, le compagnon de Schmelling, n'a pas le droit de m'assassiner. Il me regarde surpris :

— Tu as boxé ?

Je lui explique, je lui cite des noms, je lui raconte ma carrière. Évidemment, il ne me connaît pas. À l'époque où je disputais mes premiers combats d'amateur, il était déjà en prison. Mais la passion commune est un lien. Je sens qu'il est ébranlé, qu'il commence à lutter avec lui-même. Je crois qu'il y a dans ses yeux gris et froids une lueur de sympathie.

— Comment t'appelles-tu ?

— Kessel.

Il se détourne un instant, il regarde vers la porte, il fait un geste vague. Je continue à parler, mais il ne m'écoute pas, il réfléchit. Et puis brusquement, il s'en va.

*
* *

J'étais à la merci du bourreau.

Aujourd'hui encore, j'ignore ce qu'est devenu Jakob. Lors de la grande débâcle, la plupart des kapos s'enfuirent, sachant bien qu'ils n'avaient aucune chance d'échapper à la fureur meurtrière des détenus. En fait, dans bien des camps, les détenus se vengèrent sans attendre et les cadavres des tortionnaires se trouvèrent mêlés aux cadavres des dernières victimes. Parmi ceux qui prirent le large, il en est, dit-on, qui réussirent à se cacher, puis qui reparurent, quelques années plus tard, sous un faux nom et qui vivent aujourd'hui encore, paisibles et honorés, dans quelque ville ou quelque village d'Allemagne. Les autres furent saisis et jugés par les Américains ou les Russes. Il ne manqua pas de témoignages pour les accabler. On les pendit en grand nombre, à l'exception de quelques-uns qui firent la preuve des services rendus, car il y eut tout de même, dans certains camps, des kapos qui avaient partie liée avec des groupes de résistants.

À Auschwitz, camp d'extermination, la résistance était à peu près impossible. Je n'ai pas entendu parler de double jeu. Jakob ne l'a certainement pas joué. Le service rendu, dans le cas qui me concerne, n'était que le geste d'un sportif, encore accessible à l'émotion qu'éveille l'évocation du passé. Il n'y avait chez lui ni bonté ni compassion. Encore moins le refus du crime à commettre. Il avait sauvé sa peau en acceptant d'assassiner en service commandé ; il était devenu le bourreau du *Bunker*, connu comme tel, estimé de ses chefs. Il faisait son métier. Avant moi, personne, j'en suis sûr, n'est sorti vivant de ses mains.

S'il avait été jugé, j'aurais apporté mon témoignage. Mais quel poids pouvait-il avoir dans la justice des hommes ?

*
* *

J'ai attendu plus d'une heure le retour de Jakob. Une heure d'angoisse et de souffrance.

Il me laissait dans l'incertitude. Il pouvait aussi bien revenir avec son pistolet et m'abattre, en me disant qu'il ne pouvait faire autrement, qu'il ne pouvait pas risquer sa peau pour sauver la mienne. J'aurais compris. Je n'aurais pas eu la force, ni le goût de lutter. Je me serais mis bien docilement à genoux et il aurait appuyé sur ma nuque le canon de son arme.

Mais il n'avait pas de revolver à la main. Il avait un paquet de vêtements. C'était parfaitement clair.

— Déshabille-toi.

J'ôtai ma veste maculée de sang, mon pantalon, ma chemise. J'endossai ma nouvelle défroque. Désormais, j'étais porteur d'un autre matricule, inscrit sur la veste et sur la jambe gauche du pantalon.

— Voilà, me dit Jakob, je vais t'ouvrir la porte avant le réveil. Tu vas t'en aller. Mais je ne peux pas faire plus. Officiellement, je t'ai tué, je t'ai enlevé tes vêtements et j'ai envoyé ton corps au crématoire. Aux effectifs tu es porté mort. Je ne te connais pas. Débrouille-toi.

Il me parle sans sourire, d'un ton neutre, sans un mot d'amitié.

Je sais très bien qu'il joue une partie périlleuse. Le jeu des substitutions n'est pas sans risque. Il a évidemment sous la main un mort de rechange, dont il vient de me donner les hardes. À Auschwitz, on se procure autant de morts qu'on veut ! Mais si je suis reconnu, il y aura enquête. Ce n'est pas moi qui le vendrai, bien sûr ! J'ai fait assez souvent la preuve que je sais tenir ma langue. Mais comment pourra-t-il faire admettre que quelqu'un d'autre a pris mon matricule pour se faire tuer à ma place ? Peut-être a-t-il des protections ou des complicités ?

Je l'ignore. Ce que je sais, c'est qu'il faut que je disparaisse, que je trouve un moyen de me fondre dans la masse anonyme des bagnards.

À l'heure où la sirène n'a pas encore annoncé le réveil, je sors dans la nuit noire et je vais, rasant les murs, jusqu'à un block que je connais depuis longtemps et qui est occupé surtout par des Polonais. Je sais qu'il y a, dans ce block, une cachette.

CHAPITRE XII

BAGNARD CLANDESTIN

J'ai réussi ce qui pouvait passer pour impossible, ce qui l'eût été certainement quelques mois plus tôt. De la mi-décembre 1944 jusqu'à l'évacuation du camp, le 18 janvier suivant, j'ai porté le matricule d'un mort et je n'ai pas été reconnu.

Plusieurs facteurs m'ont aidé.

D'abord l'extrême instabilité des effectifs. Auschwitz, camp de mort, brassait et renouvelait sans cesse sa population concentrationnaire. Les convois arrivaient chaque jour et, chaque jour, les crématoires et les bûchers absorbaient leurs rations de cadavres. Les kapos et, à plus forte raison, les S.S. n'arrivaient plus à identifier les détenus, devenus les pièces anonymes et interchangeables d'une immense machine à travailler. Pièces tellement nombreuses et si souvent remplacées, que les *Schreiber* chargés des effectifs ne pouvaient que compter sommairement les têtes de bétail, en vue de fournir au service des approvisionnements un nombre assez indécis de rationnaires. Les erreurs étaient nombreuses, ce qui expliquait bien des irrégularités, encore aggravées par les rapines des S.S. Les fameuses techniques de l'organisation allemande se révélaient impuissantes à réduire cette anarchie autrement que par des artifices comptables.

D'autre part, ce mois de décembre 1944 ouvrait la période des grandes perturbations. L'avance des troupes russes faisait peser une grave menace sur les installations industrielles de la région d'Auschwitz, et il en était de même pour d'autres camps. On se hâtait de sauver et de replier l'essentiel, ce qui modifiait à tout instant les programmes de travaux, et obligeait le commandement à déplacer chaque jour les équipes de travailleurs. Dans les usines d'armement, on démontait les machines pour les charger sur des trains. Le vent de la défaite commençait à souffler sur toute l'Allemagne et déréglait partout les mécanismes administratifs.

Enfin, dans ce troupeau usé et exténué de dizaines de milliers de bagnards, habillés des mêmes loques, la face humaine n'avait plus de signification personnelle. Elle ne servait plus à identifier quelqu'un. Rasée, grise, émaciée, crispée par la même grimace de douleur et de terreur, une tête de mort ressemble à une autre tête de mort. À l'heure du repos, le soir, lorsque les détenus pouvaient circuler d'une baraque à l'autre, je pouvais me mêler aux groupes sans risquer d'être reconnu.

Certes, dans les semaines qui ont suivi, je n'ai pu éviter de rencontrer deux ou trois détenus qui me connaissaient. Ils s'imaginaient qu'on m'avait gracié. Le bruit en avait couru le jour de l'exécution et personne n'avait démenti. Je me gardai de leur dire la vérité. Au reste ils n'avaient ni le temps, ni le cœur d'y réfléchir. Trop occupés de leur esclavage et de leur misère, ils songeaient d'abord à défendre leur propre vie. C'était le temps où l'appauvrissement du Reich aggravait la disette. La faim rendait les détenus déments.

*
* *

Je pris tout de même mes précautions. La première et la plus indispensable était de m'éloigner du block où j'avais couché jusqu'alors et des équipes où j'avais travaillé. Il fallait, de toute nécessité, fuir les kapos qui m'avaient vu. Je devais m'intégrer dans un nouveau secteur du camp et tâcher d'y passer inaperçu, à la faveur des renouvellements qui, sans cesse, modifiaient la structure des unités.

Fort heureusement, j'avais depuis longtemps repéré une cache. Je n'étais pas pour rien un vieux routier d'Auschwitz. Dans le toit d'un block où j'avais autrefois vécu, occupé depuis par des Polonais, il existait une sorte de faux grenier. On pouvait s'y glisser. La difficulté, ensuite, était de s'y tenir. Il fallait s'allonger là sur un étroit plancher et y rester immobile, aussi longtemps que des gens circulaient au-dessous. Quand tout le monde dormait, je descendais de mon perchoir, je cherchais silencieusement une place sur les paillasses et je me glissais pour dormir sous la couverture d'un camarade inconnu.

Mais il me fallait manger. Les deux premiers jours, je volai quelques morceaux de pain en furetant dans le dortoir désert. Les Polonais qui vivaient là avaient le droit de recevoir des colis. Mais ces misérables rapines ne pouvaient suffire. Je n'avais plus que la ressource de rentrer dans le rang et de recevoir la ration des travailleurs.

Je m'intégrai à un commando chargé de l'entretien des voies de chemin de fer. Je n'y restai que trois jours. Le régime y était si dur que je n'avais aucune chance d'y survivre.

Je m'arrangeai donc pour entrer dans une autre équipe, chargée de l'entretien des installations d'eau. On y était mieux. Je n'avais plus à transporter des charges qui brisaient mon dos malade. En outre j'arrivai à me faire apprécier du kapo, ce qui était une chance inestimable. Pour quelle raison cet homme, qui était une brute comme les autres, jeta-t-il sur moi un regard presque bienveillant, je l'ignore. Une chance de plus. Au bout de quelques jours, il eut besoin de quelqu'un pour de menus travaux : nettoyer sa baraque, casser du bois de chauffage… Il me désigna. C'était un Allemand qui avait travaillé avant la guerre au Luxembourg et qui parlait à peu près le français. Ce petit servage auquel je consentis très volontiers et qui s'ajoutait à mon travail me valut chaque jour un supplément de soupe que j'échangeais contre du pain. Ainsi, dans les dernières semaines de mon séjour à Auschwitz, j'arrivai à obtenir les meilleures conditions de mon rétablissement : du pain en plus et pas de coups. De quoi remettre un peu en état mon dos meurtri, et rassembler mes forces pour les dernières luttes. Car si les Allemands étaient aux abois, ce que nous comprenions à des indices toujours plus nombreux, ils n'avaient pas pour autant renoncé à poursuivre leur entreprise. Les wagons à bestiaux, remplis de chair humaine, venaient encore se ranger sur le quai d'Auschwitz et les cheminées des crématoires fumèrent jusqu'au dernier jour.

Cependant, on entendait au loin les canons de l'Armée rouge.

*

* *

Il fallait tenir. Servi par une chance insensée, j'avais encore pour moi ma longue habitude du bagne. Elle me rendait habile à éviter les ennuis qui pleuvaient sur les bleus. À Auschwitz, les nouveaux venus prenaient tous les coups. Craintifs, harassés, désorientés, ils ignoraient tout et n'osaient rien. Les malheurs que leur valait leur inexpérience mettaient les anciens à l'abri. Telle est la dure loi des bagnes.

Je savais me cacher quand il le fallait, me montrer quand le danger était passé, bondir à l'instant précis où la sentinelle tournait la tête, évaluer à une seconde près le temps nécessaire à une action furtive, me glisser inaperçu dans un groupe et me placer à l'endroit du moindre péril.

Surtout dans la dernière période de la vie du camp, je sus profiter du désordre grandissant, du flottement qui ne tarda pas à se manifester dans les organes du commandement et qui se répercutait jusqu'aux équipes de travail.

Je vivais néanmoins dans une inquiétude de tous les instants. Chaque uniforme surgissant sur la place d'appel me faisait battre le cœur. Je pouvais à tout moment être remarqué, avoir à répondre à une question. Je dormais peu et mal.

Seule me soutenait et soutenait tout le monde la certitude d'une libération prochaine. Tenir, c'était désormais le mot d'ordre. Chaque alerte aérienne nous faisait bondir de joie. La première fois que nous entendîmes distinctement le canon – un matin de janvier, alors que nous marchions au pas sous la neige –, ce fut une rumeur qui s'éleva de tous les commandos en marche, au mépris de toute prudence.

L'Armée rouge avait libéré le territoire soviétique et envahissait la Pologne. Nos maîtres tremblaient.

Un jour, je vis arriver en trombe un S.S. motocycliste sur le chantier où nous étions rassemblés. Il était un peu plus de midi. L'heure de la courte pause qui suit la distribution de soupe. Nous étions le 18 janvier 1945.

On ne voyait jamais de S.S. dans notre groupe. Je crus un moment qu'il s'agissait de moi. Absurde inquiétude. Qui pouvait penser à moi, dans l'énorme tempête qui secouait l'Allemagne ? Je vis le S.S. appeler le kapo et l'entraîner à part pour lui donner des ordres. Ensuite il remonta sur sa machine et disparut. Je compris qu'il faisait le tour des chantiers pour y laisser les mêmes instructions.

En effet on nous fit rentrer au camp. En moins d'une demi-heure, tous les espaces libres entre les blocks se couvrirent de monde. Tous les commandos étaient là. On s'attendait à un appel interminable, comme d'habitude. Mais il n'y eut pas d'appel. Un rassemblement où on ne comptait pas les bagnards, c'était une chose absolument inconcevable.

— Tous dans les baraques !

L'événement qui suivit nous parut fabuleux. Les corvées de soupe immédiatement désignées s'en allèrent aux cuisines. Les hommes revinrent avec des trésors que nous n'avions jamais vus : des pains entiers, des boîtes de singe, des barres de margarine. On partagea. Chacun se trouva propriétaire d'une importante ration. Les kapos nous avertirent bien qu'il fallait mettre cela en réserve, mais la plupart des hommes, délirant de faim malgré la soupe de midi, se mirent aussitôt à manger.

On ne savait pas au juste ce qui se préparait. Pas même les kapos. Ils avaient reçu l'ordre de nous faire rentrer au camp, de nous parquer dans les chambres et de nous distribuer le ravitaillement, mais rien de plus. Comme d'habitude, on se mit à forger des hypothèses. La plupart des détenus pensaient qu'on allait nous abandonner à notre sort, que nos gardiens s'apprêtaient à fuir, en prévision de l'arrivée imminente des Russes, et qu'ils vidaient à notre profit des magasins désormais inutiles. La progression de l'armée soviétique, autant que nous pouvions en juger par les informations qui nous parvenaient, semblait assez rapide pour justifier l'hypothèse. D'autres supposaient qu'on allait nous mobiliser pour des travaux de défense en arrière de la ligne de feu.

Pendant ce temps, les kapos et les *Blockältester* nous avaient quittés. On les vit traverser le camp et gagner les bureaux du Commandement. La conférence dura plus d'une heure.

Quand ils revinrent, ils nous communiquèrent les décisions.

— Le camp d'Auschwitz va être évacué. Chaque homme doit se munir de ses effets, de sa couverture et des vivres distribués. Rassemblement pour le départ à huit heures du soir.

*
* *

Personne n'a bien compris. Il ne nous est jamais venu à l'esprit qu'on pourrait déplacer en bloc le camp tout entier. Même ceux qui songeaient à un départ n'ont envisagé qu'un déplacement limité et temporaire sur le territoire d'Auschwitz. On nous explique qu'il s'agit d'un dégagement total, d'un repli collectif sur un autre camp en Allemagne. On ne nous dit pas dans quelle direction.

Les kapos n'en savent rien. Nous avons l'audace de les interroger et nous sommes surpris de leur bienveillance. Voilà que les bourreaux discutent avec leurs victimes ! Eux qui nous rouaient de coups, ils ne lèvent pas leur matraque, ils ne nous insultent pas. Ils condescendent à se laisser questionner et ils s'abaissent à nous répondre. Les brutes ont peur. Peur de tomber aux mains de l'ennemi, dont l'avance peut être foudroyante, et d'avoir à répondre de leurs crimes. Mais peur aussi, dans cette immense débâcle, de perdre leur situation privilégiée, de se voir subitement désarmés et exposés aux représailles des détenus. Jetés hors des camps où ils régnaient, les kapos risquent de n'être plus rien.

*
* *

Nous, avec tout ce qui nous reste de jugement, nous estimons l'opération insensée. Comment déplacer tant de monde et pourquoi ? Au moment où l'Allemagne a perdu toute espérance de victoire, à quoi bon garder encore cette multitude d'esclaves ? Les services qu'ils rendent, à supposer qu'ils en rendent vraiment, n'empêcheront pas la débâcle. Bien au contraire, ces déplacements massifs vont coûter. Nous allons encombrer des routes, occuper des trains, immobiliser des forces d'escorte, jeter enfin le désordre dans les camps d'accueil, submergés par cette énorme vague de réfugiés.

S'il s'agit de nous faire crever sur les routes, autant nous exterminer sur place et en bloc, plutôt que d'échelonner le massacre sur des milliers de kilomètres. Ce ne sera jamais qu'un immense charnier de plus.

Veut-on cacher à l'ennemi ce que fut Auschwitz, éteindre le souvenir de l'enfer ? Comment pourra-t-on jamais dissimuler cela ?

Nous ne comprenons pas. Nous supposons encore que ce départ en pleine nuit, par un froid terrible, va être différé, que le contre-ordre ne peut manquer d'arriver.

Mais non ! L'entreprise aberrante va se réaliser. Dans cette Allemagne aux abois, conduite par un fou, la logique n'a plus cours. On va nous jeter sur les routes.

CHAPITRE XIII

EXODE

Ce 18 janvier 1945, je ne pouvais prévoir que ma vie de bagnard durerait encore cinq mois. Cinq mois pendant lesquels l'Allemagne fanatisée continua la lutte. À mesure que les troupes reculaient, on évacuait les camps.

Le nôtre, avec ses multiples annexes, rassemblait plus de deux cent mille détenus. On ne poussa pas d'un seul coup cette foule immense sur les routes. Les Allemands ne pouvaient courir le risque d'une révolte massive, dont ils se savaient incapables de venir à bout. Nul doute que nous aurions pris conscience de notre force et tenté de nous libérer nous-mêmes. On nous fragmenta. Les départs s'échelonnèrent sur quelques jours. Chaque groupe partit vers une destination différente. Ravensbrück, Oranienburg, Buchenwald, Mauthausen, Dachau, presque tous les camps de l'Allemagne centrale reçurent leur contingent de déportés d'Auschwitz et de ses annexes.

Dans le même temps, les camps de l'Ouest, menacés par l'avance des troupes alliées, refluaient aussi vers le centre. Mais les bagnards ainsi déplacés, devaient généralement subir les fatigues d'un nouveau déplacement. À peine arrivés, la poussée des vainqueurs les contraignait à un nouvel exode.

Pour mon compte, je n'en ai subi que deux « : d'Auschwitz à Mauthausen et de Mauthausen à Gusen II. Mais dans des conditions si atroces que la moitié des hommes de mon groupe périrent en chemin. Il en fut de même dans beaucoup d'autres groupes. Des milliers et des milliers de cadavres sont restés sur les routes de l'Allemagne vaincue et ravagée.

On admet que les deux cent mille évacués d'Auschwitz ne représentaient qu'une faible partie des effectifs enregistrés au camp depuis sa création. Les fours d'Auschwitz avaient absorbé plusieurs millions de morts.

Sur ces deux cent mille survivants, moins de la moitié retrouvèrent leur foyer. Sur ce nombre, deux ou trois mille Français.

Le problème se posa pour les Allemands d'évacuer les malades. Beaucoup étaient mourants. Ils les abandonnèrent. Les Russes devaient arriver au camp dans les derniers jours de janvier et libérer ce qui restait. Ils libérèrent en même temps quelques fuyards qui s'étaient cachés un peu partout, au péril de leur vie. Les S.S. avaient reçu l'ordre de rechercher et de tuer sur place quiconque tentait de se dissimuler dans les baraques. Ils ne les trouvèrent pas tous, malgré les chiens. Dans la hâte du départ, on ne put fouiller partout.

J'avais eu moi-même l'idée de me cacher. J'en avais, mieux qu'un autre, les moyens. Mais je n'eus pas le temps d'y réfléchir. Les soldats nous encadrèrent tout de suite et il fallut partir. Les S.S. continuaient à nous inspirer une terreur mortelle. Toujours hurlant et frappant, brandissant leurs armes, lançant leurs chiens sur nous, ils n'entendaient pas tolérer le moindre relâchement de la discipline. Nous étions désarmés et trop faibles pour avoir seulement la pensée de résister. Le froid, qui pouvait atteindre – 25 ou – 30°, aggravait notre impuissance. Des hommes grelottant dans leurs loques, mal protégés par la couverture qui les couvre, embarrassés des quelques provisions qu'on leur a données, ne peuvent songer à s'organiser. Chacun s'isole dans la souffrance qu'il subit et dans celle qu'il redoute, chacun espère qu'il tiendra, qu'il se sauvera, que les coups, les balles, la maladie et la mort sont pour le voisin. Ainsi nous sommes partis pour une marche interminable, troupeau misérable et exténué, crevant de froid et bientôt de faim, alignés toujours par rangs de cinq, sans la moindre réaction collective, seulement préoccupés de tenir.

Il y eut tout de même quelques évasions en cours de route, « comme il y avait eu des désertions au départ. Mais ce fut surtout le fait des Polonais qui connaissaient la région et pouvaient y trouver du secours.

*

**

Le bruit avait couru que les Allemands devaient faire sauter Auschwitz avant de partir. En fin de compte, ils ne détruisirent que partiellement les crématoires.

En revanche, ils brûlèrent les archives. Au dernier moment, nous avons pu voir flamber des bûchers devant les blocks. Les S.S. avaient l'ordre de ne pas laisser tomber aux mains des ennemis la trace de leurs crimes, ni la liste des criminels. Cela explique – mais ce n'est certes pas la seule raison – que les procès des S.S. durent encore, vingt-cinq ans plus tard, et que bon nombre d'entre eux n'ont jamais été inquiétés, même sans avoir cherché refuge à l'étranger.

Le voyage d'Auschwitz à Mauthausen a duré treize jours. Nous avons marché dans la neige pendant les huit premiers jours, à travers la Pologne du Sud et la Tchécoslovaquie, couvrant chaque jour trente ou quarante kilomètres. Nous avons achevé le voyage en chemin de fer.

Pour nous alimenter, nous n'avons eu que les vivres distribués au départ. Pour nous protéger du froid, nous portions nos vêtements habituels, usés et déchirés, et une mince couverture. Aux pieds, nos galoches de bois. Le sol était durci par le gel. Quiconque tombait de fatigue n'avait aucune chance de survivre s'il n'était secouru par ses voisins. Il était rare qu'on le secourût. Son corps encombrait la chaussée. Un S.S. le tirait hors de la colonne, le jetait au fossé et l'abattait d'une balle dans la tête. À tout moment, nous entendions claquer des coups de feu. Un traînard, encore debout, mais incapable de suivre le train, était abattu aussi. On le considérait comme un fuyard et on le tuait sans sommation.

Nous formions une horde d'où les structures ordinaires avaient disparu. Dans ce long cortège, étiré sur plusieurs kilomètres, les liens formés dans les blocks et dans les équipes de travail ne se retrouvaient plus. Ceux qui marchaient à mes côtés étaient presque toujours des inconnus. Au moment des pauses, nous ne pensions qu'à récupérer. Chacun se murait dans sa solitude. Lorsque nous arrivions, parfois très tard, dans une ferme pour y passer la nuit, elle était toujours trop petite et ne pouvait abriter tout le monde. Les derniers arrivés restaient dehors et couchaient dans la neige. Au matin, ils ne se levaient pas tous. Beaucoup restaient là, inertes, gelés, paralysés. Les S.S. achevaient ces mourants. Lorsque la colonne avait repris la route, nous entendions claquer derrière nous les revolvers. En outre, la ferme était fouillée, les chiens cherchaient partout et débusquaient, les hommes cachés.

Le troisième ou le quatrième jour, il m'arriva cette mésaventure de ne pas trouver d'endroit pour me coucher. Impossible d'entrer nulle part. Les corps étendus et entassés formaient des barrages. Toutes les granges, toutes les écuries étaient pleines. Je m'étendis dans la neige, parmi d'autres qui avaient fait comme moi, enroulés dans leur misérable couverture ; grelottant et claquant des dents, je réussis tout de même à m'endormir. Au matin, le sifflet du rassemblement m'arracha à un rêve. Un rêve étrangement heureux. Je me voyais délivré, rendu à la liberté. En réalité, j'étais fiévreux et délirant. Je me mis sur mes pieds avec une peine infinie, me retrouvai dans les rangs, poussé par la foule. Je respirais mal, je ne voyais presque pas. Brusquement, je m'effondrai. Mes deux voisins se penchèrent sur moi en jurant et me remirent debout. Ensuite, pendant près d'une heure, ils me soutinrent, me portant presque à certains moments. C'est à ces deux camarades inconnus que je dois de n'avoir pas laissé ma peau sur une route polonaise. Je les ai par la suite cherchés pour les remercier, sans pouvoir les retrouver.

Quand je pus de nouveau marcher sans aide, je pris sur le bord de la route une poignée de neige qui apaisa ma soif. Mes jambes engourdies retrouvèrent un peu de vigueur et j'arrivai au bout de l'étape.

Nous espérions au début – et nous étions soutenus par cet espoir – que notre progression ne serait pas assez rapide pour empêcher l'Armée rouge de nous rattraper. Cette Armée rouge, nous en rêvions. Elle formait l'essentiel de nos pensées et, quand nous en avions la force, de nos conversations. Chaque rumeur lointaine de bombardement ranimait nos espoirs. Mais les Russes ne pouvaient pas nous atteindre.

Nous avancions sur la route, d'un pas raide et mécanique, dans nos loques toujours plus boueuses, les pieds et les mains à moitié gelés. Il y avait parfois des civils sur la route. Silencieux et horrifiés, ils s'écartaient pour laisser passer ce troupeau de fantômes. Quand nous traversions un village, les gens fuyaient, à cause des coups de feu qui claquaient à tout instant.

Un soir, nous arrivâmes devant une gare de triage. Au calvaire de la route allait succéder le supplice du train. Je savais déjà ce que c'était qu'un transport de déportés, mais celui-là devait être horrible. On nous fit monter, à grand renfort de coups de pied et de coups de crosse, sur des wagons découverts, qui servent ordinairement au transport des marchandises. Sur ces plates-formes, il n'y a place normalement que pour une vingtaine d'hommes. On nous y entassa à soixante-dix. Nous aurions pu à la rigueur nous y installer assis, en plusieurs files parallèles, chaque homme incrusté entre les cuisses d'un autre. Position inconfortable, mais permettant d'utiliser au mieux toute la place disponible, sans écraser personne. Impossible ! Les S.S. ne voulaient pas voir les têtes s'élever au-dessus des rebords de la plate-forme. Il s'agissait, bien sûr, de prévenir les évasions. Ils étaient trop peu nombreux pour y faire face. Nous nous sommes couchés les uns sur les autres, pêle-mêle. Chaque wagon était comme un récipient plat, rempli à ras bord de corps affalés et enchevêtrés. Rien ne devait dépasser. Les S.S. lâchèrent quelques rafales de mitraillettes au-dessus. Quand toute la masse des bagnards fut bien tassée et aplatie, le convoi s'ébranla.

Il fallut rester là, pratiquement sans bouger, sans manger et sans boire pendant cinq jours. Le train restait parfois longtemps immobile sur une voie de garage. Il n'en était pas moins interdit de descendre. Les S.S. ne voulaient pas se donner la peine de courir après les fuyards, pas même d'escorter des gens qui allaient aux latrines ; ils préféraient transporter des cadavres. S'ils entendaient des appels, ils tiraient pour les faire cesser.

Dans le froid terrible, les corps immobiles laissaient lentement s'écouler ce qui leur restait de vie. Quand le train roulait, le vent de la course nous glaçait jusqu'aux os. Ce n'est pas le moindre des miracles qu'il y ait eu des survivants à notre arrivée à Mauthausen. J'ai su plus tard, pour l'avoir entendu d'un témoin, que, dans l'un des wagons, on avait surpris quelqu'un qui rongeait la chair d'un mort.

Dans une gare dont j'ignore le nom – c'était dans l'après-midi du deuxième jour –, le train s'arrêta plusieurs heures. Nous en avons profité pour nous asseoir, les S.S. nous ayant laissés faire, et nous avons étiré nos membres gelés. Avec nos couvertures sur la tête et nos faces de fantômes, nous avons sans doute éveillé la pitié des gens qui se trouvaient là. Des Tchèques. Quelques-uns ont voulu nous secourir. Il y avait une sorte de passerelle qui franchissait les voies jusqu'à notre wagon. Ils s'approchèrent sur cette passerelle, portant des pains, des fromages et des gâteaux. Ils nous les jetèrent. Nous nous sommes battus, hélas ! pour partager ces vivres. Comme des chiens. Tous les déportés de tous les camps se sont battus pour manger. Dans ce wagon où il y avait déjà des morts, les plus faibles se lançaient des coups de poing et s'arrachaient le pain de la bouche.

Subitement, nous entendîmes des coups de feu. Les S.S., alertés par le bruit que nous faisions, arrivaient en courant.

Ils ne prirent pas la peine d'inviter les visiteurs à s'en aller. Ils leur tirèrent dessus, directement. Affolés, ils s'enfuirent en poussant des cris, laissant un des leurs étendu sur la passerelle. Je vis sous le corps du malheureux s'élargir une flaque de sang.

*

**

Je passai les deux derniers jours dans une sorte de coma. J'avais remarqué que mes deux voisins immédiats étaient morts. Je leur ai pris leurs couvertures. Et puis je me suis glissé sous les cadavres pour m'en couvrir. Quand je sortais par moments de mon inconscience, j'entendais râler des mourants.

Au soir du cinquième jour, nous avons atteint Mauthausen. On nous a ordonné de quitter le wagon. J'ai eu la force de descendre. Puis, comme on nous a laissés un certain temps attendre sur le quai, j'ai compté les hommes qui étaient en état de marcher. Nous étions neuf. Les groupes descendus des autres wagons n'étaient guère plus nombreux. Dans les cercueils roulants qui nous avaient transportés jusque-là, il y avait encore des survivants, mêlés aux morts, mais ils étaient incapables de se lever. J'ignore de quelle façon on les a récupérés.

CHAPITRE XIV

MAUTHAUSEN

Coups de sifflet, rassemblement, bousculades. Les chiens qui grondent autour de nous. Dans l'état où nous sommes, il faut encore se mettre en rang, *zu fünf*, et marcher au pas cadencé. Les Allemands ont fait la preuve qu'on pouvait indéfiniment reculer la limite de la résistance humaine. Qu'on pouvait faire marcher des mourants au pas cadencé.

— *Vorwärtz Marsch !*

Dans nos immondes guenilles, nous marchons, raides comme des souches, mais alignés. Nous ne sentions plus rien. La chair martyrisée est devenue insensible. Alignés comme aux meilleurs jours d'Auschwitz, nous marchons sur quatre kilomètres.

— *Links, links !*

La route monte vers un camp que nous apercevons de loin, au milieu d'un paysage désolé. Il y a, paraît-il le Danube à quelque distance. Bientôt des murailles apparaissent. Nous voilà de nouveau au bagne et nous savons, parce que les informations ne nous ont pas manqué sur la valeur comparée des régimes concentrationnaires, que Mauthausen est un camp de représailles. *Nacht und Nebel.* Pour nous qui attendions l'Armée rouge, la désillusion est profonde. Il va falloir encore attendre. Se consoler à la pensée qu'à défaut des Russes nous aurons peut-être les Américains, plus riches et peut-être mieux disposés à notre égard. Je serai en tout cas plus vite rapatrié. Mauthausen est en Autriche, à peu de distance de la frontière allemande du Sud. Autant que nous pouvons en juger, sur la base des nouvelles reçues au début de janvier, les troupes alliées ont pénétré en Allemagne depuis longtemps. Elles ne peuvent tarder à nous atteindre, à moins d'un impossible redressement de la *Wehrmacht*. Nous savons que les envahisseurs écrasent le territoire sous leur feu. Encore une fois, il faut tenir.

Dès notre arrivée au camp la fumée du crématoire nous apparaît de loin dans le crépuscule et bientôt, nous retrouverons l'odeur familière. Allons ! rien n'est changé. Il faut encore, en franchissant le seuil, exécuter le *Mützen ab* et le *Mützen auf* et voici une meute de kapos qui nous prennent en charge. Les rescapés du voyage vont retrouver les rites de l'initiation. Mais il faut d'abord passer la nuit.

Il n'y a pas de baraque pour nous recevoir. Le camp grouille de bagnards qui viennent, comme nous, du dehors et qui se trouvent là en instance d'affectation. Nous apprendrons qu'il y a des camps annexes autour de Mauthausen et qu'on nous dirigera sur l'un d'eux. En attendant, faute de place, on va nous faire dormir à la belle étoile. Fort heureusement, il fait moins froid. L'emplacement qu'on nous assigne suffira à nous contenir. Entre le block des cuisines et le groupe des crématoires, il y a une cour. Le sol est gelé. Qu'importe ! Nous allons encore une fois nous encastrer les uns dans les autres, nous dégeler au contact les uns des autres et la nuit passera. L'odeur des choux pourris qui monte des cuisines et celles des latrines toutes proches parviennent à nous dissimuler l'odeur des fours à cuire les morts.

On nous laisse sans nourriture. C'est normal. Nous ne sommes pour l'instant inscrits nulle part. Il faut attendre que les *Schreiber* nous enregistrent. Tant que nous ne sommes pas officiellement intronisés citoyens de Mauthausen, nous n'existons pas. L'opération aura lieu le lendemain.

Tout de suite au réveil on nous conduit aux douches. Voici les kapos. D'instinct les dos se courbent, reprennent leur attitude défensive, les yeux apeurés guettent l'évolution des matraques de caoutchouc. Le troupeau d'hommes nus se rue et s'écrase dans la salle de douches trop petite pour contenir tout le monde, se pousse sous les conduits d'où ruisselle l'eau chaude, s'efforce d'aller vite, plus vite pour obéir aux hurlements des gardes-chiourmes. Nous allons sortir de là à peine moins crasseux, mais un peu réchauffés.

On nous soumet au rasage. Les tondeuses se promènent sur la peau grise. Il faut écarter les cuisses. Le spécialiste qui me tond est en humeur de plaisanter, peut-être parce qu'il espère, comme tout le monde, que la libération est en vue, et il s'amuse sur sa condition de tondeur de culs. Nul, dit-il, ne saurait aller aussi vite, ni tondre aussi bien. J'avoue que je n'ai pas le goût de rire. Jamais je ne me suis senti aussi faible, jamais mon corps ne m'a paru aussi décharné.

Ensuite on nous conduit aux blocks de quarantaine. Toujours nus et en courant, poursuivis par la meute des tortionnaires. On nous assigne une baraque de bois, semblable à celles que j'ai connues à Birkenau. Seule la *Wäscherei,* où se trouve la salle de douches, était construite en brique. Dans notre nouveau domaine, on nous habille. Nous ne serons pas moins loqueteux, mais relativement propres. Il n'est pas question de nous donner des lits. Du moment que les hommes en quarantaine ne travaillent pas, ils couchent à même le sol. On nous donne tout de même à manger, ce qui me permet de faire des comparaisons. La soupe qu'on nous sert à Mauthausen n'est pas meilleure que celle d'Auschwitz, elle est même plus mauvaise, elle pue. Nous l'absorbons avec délice, parce que la faim nous broie le ventre et que nous n'avons rien absorbé de chaud depuis deux semaines. Dans ces baraques, d'où nous n'avons pas le droit de sortir, sauf pour aller aux latrines – encore faut-il demander l'autorisation –, les langues commencent à se délier. Les morts-vivants que nous étions la veille ont retrouvé un peu d'énergie et se disent ce qu'ils ont appris, au hasard des rencontres. D'autres bagnards, arrivés avant nous, ont pu glaner des renseignements. Il paraît qu'on a retrouvé quelques cadavres de kapos, des nôtres principalement, dissimulés sous des lits ou ailleurs. Pendant que nous dormions à la belle étoile, plusieurs de ceux qui nous encadraient à Auschwitz ont été abattus. Les S.S. n'en ont pas fait une affaire d'État et n'ont pas cherché à retrouver les assassins. Outre qu'il est impossible de faire aboutir de telles enquêtes, on sait que, de tout temps, les kapos se sont battus entre eux pour conquérir ou conserver des places. On ne pouvait caser ceux d'Auschwitz sans gêner les anciens de Mauthausen. Les anciens se sont défendus. D'autant plus aisément qu'ils disposaient sans doute du consentement tacite des chefs locaux. Il est possible qu'à cette lutte pour les places se soit ajoutée une hostilité d'un autre ordre. Dans tous les camps, les « politiques » se sont opposés au « droit commun ». Il semble qu'à l'époque où nous sommes arrivés à Mauthausen, un groupe de kapos d'origine politique ait réussi à imposer durablement son autorité. Mais je n'ai pas eu sur ce point d'informations positives. Je n'avais guère le goût, ni la force, de me livrer à une enquête.

De toute façon, ces batailles de kapos se situent à un échelon qui nous dépasse. Nous n'avons aucune raison de pleurer les nôtres. Mais nous avons déjà constaté que nos nouveaux maîtres ne nous traitent pas avec plus d'égards. Les mêmes matraques de caoutchouc, les mêmes gesticulations frénétiques, le même torrent d'injures obscènes et l'obligation de courir sous les coups. Nous retrouvons tout cela ici…

Cependant nous sommes en quarantaine, dans un quartier spécial du camp. Il n'y a pas de travail, ce qui diminue sensiblement les risques. Ces quelques jours de répit, nous allons essayer de les mettre à profit pour nous refaire, dans la mesure où ce mot a encore un sens. Malgré l'isolement auquel nous sommes condamnés, le savoir-faire des plus anciens arrive encore à grappiller quelque supplément de pain, grâce à un trafic discret avec des hommes de cuisine. Je réussis à reprendre des forces, en dépit des douleurs que je continue à ressentir dans la colonne vertébrale, mais qui tendent à s'apaiser.

Notre secteur ne tarde pas à être surpeuplé. Il vient des hommes de partout, la plupart dans un état d'usure physique indescriptible. Nos maîtres ne savent plus comment canaliser cette cohue qui menace de tout submerger. Mais ils ont la ressource d'évacuer les malades sur le quartier du *Revier,* où la mortalité est suffisante pour faire chaque jour de la place.

Je n'ai pratiquement rien vu de Mauthausen. Confinés dans nos blocks, nous ne connaissions le camp et ses annexes que par ouï-dire. Mais nous étions saturés de récits macabres. On nous a parlé des supplices devant le « mur des lamentations » et de l'escalier gigantesque qui descendait aux carrières. Pour nous qui venions d'un enfer, quel intérêt pouvait avoir la description d'un autre enfer ?

Un matin, les kapos arrivent en hurlant, et nous font sortir à coups de pied. *Raus !* Dehors. C'en est fait de notre relative quiétude. Une fois de plus nous allons défiler devant les équipes de *Schreiber,* fonctionnaires affairés et méticuleux, qui s'inquiètent de nos noms, de notre âge, de notre profession et qui remplissent des formulaires. Étonnante organisation qui continue à fonctionner comme par le passé, avec quelque désordre, sans doute, à cause de l'accroissement subit des effectifs, mais selon les principes et les méthodes ordinaires. Pourtant, personne ne saurait s'illusionner sur l'issue de l'aventure, ni sur l'imminence de la fin. Et il en est ainsi certainement dans toute l'Allemagne encore libre, dans ce lambeau de territoire qui continue à se rétrécir régulièrement sous la double poussée de l'Est et de l'Ouest. La mécanique administrative continue à tourner. Et les Américains sont à deux pas. Et les villes flambent de tous les côtés.

On nous attribue un nouveau matricule, non plus tatoué sur le bras, mais gravé sur une plaquette de fer qu'on nous scelle au poignet. J'ai droit au n° 118 900. Nul ne s'avise que mon premier matricule est celui d'un homme qu'on a pendu. Les morts vont vite. Moins de deux mois ont passé et il y a beau temps que Sim Kessel n'est plus qu'un souvenir. J'ai du reste pris soin – est-ce que c'était bien nécessaire ? – de donner un faux nom au *Schreiber* qui m'a couché sur son registre.

Me voilà pourvu d'un nouvel état civil. J'en éprouve un certain soulagement. Le bagnard coupable et impuni, le déserteur d'Auschwitz, déserteur du camp, du gibet et du crématoire, a cessé d'avoir une existence légale. Il ne reste qu'un bagnard innocent, porteur d'un matricule honorable. Un matricule qui tient lieu de tout, qui dispense d'avoir un nom, d'avoir une âme et d'avoir une histoire.

Après la soupe de midi, nous apprenons qu'on va nous diriger sur un autre camp, de la dépendance de Mauthausen. Impossible de demeurer dans le camp central engorgé par l'afflux incessant des réfugiés. Il faut d'urgence vider la quarantaine.

Direction Gusen II.

CHAPITRE XV

GUSEN II

Situé à quelques kilomètres à l'ouest de Mauthausen, le camp de Gusen II a une sinistre réputation. On y meurt plus vite qu'ailleurs à cause des travaux entrepris dans la proche montagne où l'on installe des usines souterraines pour le compte de Messerschmitt. Il y a longtemps que l'industrie allemande s'enterre pour échapper aux bombardements. C'est la preuve, certes, que l'Allemagne est aux abois, qu'elle n'a plus assez d'avions pour défendre ses usines, mais pour nous qui y travaillons, c'est effroyable, les terrassiers n'ont jamais eu la meilleure part.

Le camp n'a pas les dimensions imposantes du camp central, mais il est aussi sévèrement gardé. Barbelés et miradors. On n'est dispensé ni des S.S., ni des kapos. Les baraques sont délabrées et puantes, trop petites pour nous contenir. Nous constatons bien vite qu'il va falloir coucher à trois dans chaque lit. Peu importe, nous sommes accoutumés. La paillasse noire et crevée, raide de crasse, à demi remplie de paille brisée, est un élément de confort qu'il ne faut pas dédaigner, même si l'on ne peut en occuper qu'un tiers. On se repose mieux là-dessus que sur la terre nue.

Enregistrement des matricules par le *Blockschreiber*. Formalités diverses.

Il faut ensuite, comme partout ailleurs, un enseignement oral. Le *Lagerältester* s'en charge, assisté d'interprètes. L'homme est grand et gros, rouge de teint, visiblement accoutumé aux boissons fortes. Il parade devant nous avec son triangle vert d'assassin et brandit en parlant, un *gummi* de forte taille. J'ai retenu l'essentiel de son discours, un discours du même type que ceux que j'ai entendus maintes fois, mais d'une férocité plus radicale.

— Ici, c'est Gusen II, c'est un camp de concentration, ce n'est pas un sanatorium…

D'accord, la formule est archiconnue, ainsi que l'allusion au *Himmelkommando*, le commando du Ciel, dont nous ferons tous partie, après passage au crématoire.

Ici, on est propre. On n'a rien pour se laver. On n'a pas d'eau ni de savon pour se laver et on n'a pas le temps de se laver, mais on est propre quand même. Et si on n'est pas propre, on crève, compris ?

Il fallait répondre *ja*, d'une seule voix.

Ici, on obéit. Les kapos savent ce que vous devez faire. S'ils vous ordonnent de porter des blocs de mille kilos, vous porterez des blocs de mille kilos. Et s'ils vous ordonnent de manger de la merde, vous mangerez de la merde. Et si on refuse d'obéir, on crève. Compris ?

— *Ja.*

Ici, il y a quelqu'un qui vous apprendra à obéir, c'est moi. Vous ne me connaissez pas encore, mais vous apprendrez à me connaître. Des hommes comme vous, j'en ai tué des milliers. J'aime tuer. Quand je tue, je jouis…

Ce n'était pas une vaine menace. J'ai eu plus d'une fois, par la suite, l'occasion d'observer ce tueur et ses lieutenants, dans leurs activités de tueurs. L'autorité supérieure, loin de les réfréner, ne manquait pas d'y prêter la main. Dès le lendemain la corvée de ramassage des morts, à laquelle je fus, invité à participer, me donna une idée de ce que pouvait être Gusen II, l'effet combiné des coups, de l'usure physique et de la faim.

Pendant les premiers jours en effet, on nous occupa à diverses corvées de nettoyage, en attendant de former les groupes de travail. Je fus chargé, avec quelques autres, d'enlever les cadavres, ordures parmi les ordures, qui s'entassaient au *Revier* et dans les dortoirs. On les laissait s'accumuler, surtout en hiver, de façon à économiser les transports. Les chefs de block y trouvaient leurs bénéfices car ils pouvaient s'approprier des rations en reculant les déclarations de décès.

Nous passions avec notre charrette à bras devant chaque baraque et on nous désignait les corps à enlever, généralement allongés sous les lits. Nus, glacés et puants. Le kapo du *Revier*, chargé de diriger l'opération, nous apprit, non sans nous distribuer force coups de pied, comment il convenait de procéder. À deux nous soulevions le mort par les épaules et par les pieds et nous allions, au pas de course, le jeter dans la charrette. Tout se faisait au pas gymnastique. Pendant que nous courions ainsi avec notre chargement, un troisième, debout dans le véhicule, s'affairait à ranger les corps en long, les uns sur les autres, de façon à gagner le plus de place possible.

J'entends encore le bruit sourd des crânes heurtant les ridelles, et la voix du kapo, accompagnant de ses jurons et de ses insultes nos évolutions funèbres.

Une fois la charrette pleine, on la poussait, toujours courant, jusqu'au crématoire et on déchargeait les cadavres un à un, on les rangeait le long du mur, les uns sur les autres, de façon à former un tas régulier.

J'étais certes habitué depuis longtemps à manier des morts. À Auschwitz, on me désignait souvent comme porteur de civière. Mais ces morts de Gusen II étaient affreux. Les pauvres corps, amaigris au-delà du possible, répandaient une odeur insupportable. La plupart avaient des plaies ou des phlegmons dont le pus s'écoulait. Plusieurs étaient encore englués de la dysenterie qui les avait vidés. Le contact de cette chair desséchée et pourrissante me donnait des nausées et mes camarades n'étaient pas moins écœurés. Je regardais avec horreur mes mains souillées de pus. Pendant plusieurs jours je gardai sur mes vêtements l'odeur de la mort.

*

* *

Les corvées de nettoyage durèrent une semaine. Nous ne pouvions espérer un plus long répit, malgré l'abondance de la main-d'œuvre, si nombreuse que les ateliers refusaient du monde. Gusen II faisait une énorme consommation de travailleurs. Chaque jour les équipes revenaient avec leur contingent de malades et de blessés qu'on dirigeait sur le *Revier*. Il fallut partir pour l'usine souterraine.

Un matin, sur le coup de cinq heures, on nous conduisit à quelque distance du camp et on nous fit monter dans un train qui suivait la vallée du Danube. Embarquement sur des wagons bestiaux, dans un concert de vociférations et sous un déluge de coups. Il fallait, en quelques secondes, remplir le wagon. Le quitter, en arrivant, avec la même promptitude. Les Allemands ont toujours exigé que leurs trains ou leurs camions se remplissent et se vident instantanément. Tant pis pour les maladroits ou les traînards.

Le voyage durait une demi-heure. Nous avions à peine débarqué que les travailleurs des équipes de nuit, noirs de poussière et de crasse, prenaient les wagons d'assaut pour retourner au camp. Le travail ne s'arrêtait jamais.

Le premier jour, on nous rassembla devant les ateliers et on nous répartit dans les commandos suivant nos capacités. Chaque atelier avait besoin d'ouvriers qualifiés. Un *Schreiber* vint lire une longue liste de spécialités et on faisait sortir des rangs, à mesure, ceux qui se déclaraient spécialistes. Je compris vite que les non-qualifiés iraient aux galeries souterraines et aux carrières. Ils y combleraient les vides creusés par la mort et ils y mourraient à leur tour. Sur ce point les témoignages des anciens ne nous laissaient aucun doute : quatre, cinq semaines, c'était à peu près le temps qu'on pouvait tenir dans les galeries où l'on maniait la pelle et la pioche, douze heures d'affilée, dans un nuage de poussière. Ensuite quand on ne pouvait plus se tenir debout, on allait crever au *Revier*.

Il fallait de toute nécessité tenter de s'infiltrer dans les ateliers. Je me déclarai donc tôlier. On prit mon numéro et on me dirigea sur la tôlerie, avec deux ou trois autres.

J'ignorais tout du métier de tôlier. Je n'avais aucune qualification d'ordre industriel. J'aurais pu tout aussi bien me déclarer fraiseur, ajusteur ou électricien. Quand je vis que la liste des spécialités était près de s'épuiser, je me fis tôlier sans plus attendre. Je risquais d'être jeté à la porte de l'atelier et de rejoindre le corps des terrassiers, après avoir reçu, pour prix de mon mensonge, vingt-cinq coups sur les fesses. Tant pis ! Je prenais le risque. L'audace, je l'ai souvent constaté, est mieux payée que la prudence.

Elle le fut. Je tombai sur un contremaître civil qui se montra compréhensif. C'était un Autrichien, un homme qui connaissait son métier et qui savait diriger une équipe. Lorsqu'il vint à moi et me demanda ce que je savais faire, il comprit aisément que je n'avais de ma vie tenu un maillet et que j'étais un imposteur. Il se contenta de hausser les épaules, alla chercher une forme en bois, posa une tôle dessus et me montra comment il fallait modeler la tôle à l'aide du maillet. Il eut la patience de surveiller mes premiers essais maladroits et de prendre lui-même l'outil en main pour réparer mes erreurs.

Je crus d'abord que mon *Meister* autrichien avait pitié de moi. En réalité, il avait peur. À certains moments, quand il était sûr qu'aucun S.S. ne croisait dans les parages, il se laissait aller à des confidences désabusées. *Hitler kaputt*, disait-il. Il se montrait le plus souvent conciliant, ne criait pas, ne nous insultait pas. Il savait que les Américains n'étaient pas loin, qu'ils n'allaient pas tarder à envahir la région et il ne tenait pas du tout à être dénoncé comme un matraqueur de forçats. Nous formions dans cet atelier une équipe de dix, bénéficiant d'une sécurité relative, dispensés de l'épuisement physique et des coups, et sans contact ou presque avec les bourreaux. Du moins pendant le temps du travail ; car, sortis de l'atelier, il fallait revenir au camp, subir deux fois par jour les inconvénients et les risques du transport et les interminables appels. Une semaine sur deux, nous devenions équipe de nuit, ce qui nous ouvrait la perspective d'un sommeil très précaire.

Des semaines passèrent. De plus en plus fréquemment, nous entendions mugir les sirènes d'alarme. Un jour le *Meister* nous parla d'une ville toute proche où il avait sa famille et qui venait de tomber aux mains de l'ennemi. Je cachai ma joie, mais ne pus résister au désir de communiquer la nouvelle à des camarades français qui travaillaient dans une autre galerie. Je feignis d'être pressé par un besoin, demandai la permission de sortir, courus aussitôt voir mes amis et les informai. Ils savaient déjà. Leur chef d'équipe avait laissé traîner un journal local qu'ils avaient subtilisé. Un journal, c'était une richesse inestimable. Pour mon malheur je ne m'aperçus pas qu'un S.S. m'avait vu entrer dans l'atelier, qu'il m'avait suivi et qu'il m'observait de loin, dissimulé derrière une machine, tandis que je discutais avec mes amis. Le bruit des moteurs et les allées et venues créaient autour de moi une fausse sécurité. Le S.S. surgit, me saisit par mon vêtement, me souleva presque de terre et m'interrogea avec fureur. Je dus confesser que j'appartenais à un autre atelier. Il m'y conduisit à coups de pied, me coucha sur l'établi et m'ordonna de compter à haute voix les vingt-cinq coups *auf Arsch* qu'il allait m'administrer. Je me mis à compter : *Ein, zwei, drei…*, tandis qu'il frappait de toutes ses forces avec sa cravache. Pour la troisième fois de ma carrière, je subis l'odieux supplice. Aux premiers coups, je crus m'évanouir, mais je m'interdis de crier. À *zwei und zwanzig,* il s'arrêta, disant qu'il me faisait grâce des trois derniers coups parce que je n'avais pas crié.

Je me redressai péniblement, relevai mon pantalon et repris mon maillet d'une main tremblante. J'avais l'impression que ma peau avait éclaté. Mon bourreau fit encore quelque tapage pour le principe, jeta des imprécations, menaça le salopard que j'étais de me virer aux carrières à la première occasion ; puis il s'adressa à mon *Meister* qui avait assisté, plus mort que vif, à la correction. Il lui dit qu'il ferait un rapport contre lui, s'il voyait encore du désordre dans son atelier. Puis, il s'en alla majestueusement en faisant claquer sa cravache sur ses bottes.

La punition m'avait terriblement ébranlé. Je ne pouvais ni m'asseoir, ni me tenir debout. La peau n'avait pas éclaté, mais je souffrais de tout le corps et j'avais toutes les peines du monde à marcher. Quand il fallut remonter dans le wagon pour le retour, je n'y parvins qu'avec le secours des camarades. La nuit, je ne pus fermer l'œil.

Les événements du lendemain devaient dissiper d'un seul coup mes inquiétudes et jusqu'à mes douleurs. Le réveil sonna, mais pas le rassemblement. Le *Blockältester*, vint nous avertir que nous n'irions pas au travail et nous planta là. Il ne nous donna pas d'explications. Ahuris, désemparés, imaginant tour à tour le meilleur et le pire, nous errions dans la baraque, encore craintifs et n'osant sortir pour aller aux nouvelles. Une des hypothèses que nous avions souvent formées dans nos heures de découragement, c'est que les S.S. n'abandonneraient pas si aisément la partie et qu'ils nous massacreraient tous plutôt que de nous laisser libérer par les vainqueurs. On entendit quelques rafales lointaines qui semblaient confirmer ce pronostic. Mais des camarades arrivèrent en courant, au comble de l'excitation, et nous dirent que les S.S. avaient disparu. Ce fut une ruée à l'extérieur. Effectivement il n'y avait plus de S.S. Il y avait des soldats de la *Wehrmacht*. Pour la plupart des hommes âgés, probablement prélevés sur les dernières réserves. Ils montaient la garde partout et les armes des miradors étaient toujours braquées sur le camp, mais les S.S. avaient disparu. Les équipes de nuit qui revenaient des usines nous confirmèrent qu'il n'y avait plus de S.S. nulle part.

L'agitation grandit toute la journée. Il n'y avait plus de travail, plus de corvées, plus d'appels. Toutes sortes de rumeurs circulaient. Quelques-uns des nôtres tentaient de créer un embryon d'organisation, en prévision d'un coup dur, mais personne ne les écoutait. La diversité des langues, l'incertitude au sujet des événements extérieurs, surtout la fièvre qui saisissait subitement la foule des bagnards empêchaient toute entente. Une sorte de folie s'emparait de nous. Plus que la joie de retrouver la liberté, l'espérance de manger nous faisait délirer. Nous ne pensions plus qu'à manger.

On nous donna pourtant les mêmes rations qu'à l'ordinaire. De ce côté-là, rien n'était modifié. Les hommes de soupe allèrent aux cuisines et revinrent avec le ravitaillement ordinaire. En revanche, ce qui avait changé, c'était l'attitude des kapos. Le même phénomène que j'avais constaté à Auschwitz se reproduisait à Gusen II. Les négriers ne hurlaient plus. Il y eut des bagarres pour le partage du pain, et ils se gardèrent d'intervenir à coups de gourdin. On les voyait discuter entre eux. Ils préparaient sans doute leur fuite. Nous aurions pu les attaquer, ils auraient succombé sous le nombre. Les soldats qui nous gardaient, de l'autre côté des barbelés, ne seraient probablement même pas intervenus. Mais nous ne savions rien, nous étions réduits à former des conjectures.

Peut-être y eut-il, dans la nuit qui suivit, des règlements de comptes et des pillages. Enfermés dans nos baraques sordides, nous ne savions pas encore que nous passions là, sur nos paillasses pourries, dans l'odeur de la sueur et de la crasse, notre dernière nuit de bagnards.

Au matin, le brouhaha d'une chambrée qui s'éveille me tira du lit. Personne n'avait lancé le coup de sifflet habituel, ni le cri de *Aufstehen*. Lorsque je sortis de la baraque, je vis qu'il n'y avait plus de sentinelles, plus de soldats sur les miradors. Plus de kapos. Nos yeux s'ouvraient sur un monde silencieux, anormal, incompréhensible, sans uniformes et sans matraques. Un monde vide. Il ne restait que nous, avec nos têtes rasées et nos uniformes de bagnards, qui avancions prudemment, le pas hésitant et les yeux en éveil, dans la lumière d'un matin de mai.

Il ne restait que nous qui n'étions rien. Rien de plus que la vermine avec laquelle nous couchions, rien de plus que les poux. Les seigneurs aux bottes brillantes, escortés de leurs kapos et de leurs chiens, les seigneurs qui remplissaient le camp de leur présence, qui commandaient le travail et le repos, qui distribuaient le pain et la douleur, qui décidaient de la vie et de la mort, les seigneurs avaient disparu.

CHAPITRE XVI

LIBÉRATION

Cette journée du 7 mai 1945 me laisse des souvenirs très précis. C'était mon premier jour de liberté. Je portais encore la tenue rayée, mais j'avais cessé d'être un esclave. Les barbelés m'entouraient encore, mais les bourreaux avaient fui. J'étais, comme tous mes camarades, en pleine fièvre, ivre de joie et indécis, incapable de former un projet, hésitant entre la crainte de sortir du camp et l'inquiétude d'y rester.

Il n'y avait plus personne pour nous garder, plus de mitrailleuses sur les miradors, la porte du camp était grande ouverte, mais Gusen II, pour nous, était au bout du monde. Notre groupe se composait surtout de Polonais et de Russes. Quelques Espagnols. De rares Français. Sortir du camp, c'était affronter l'inconnu. Nous n'avions ni guides, ni cartes, ni armes. Personne ne pouvait contrôler ni diriger cette foule mouvante. Privés de nos gardes-chiourmes, subitement jetés dans l'anarchie, nous n'avions même pas l'idée de nous donner des chefs. Rester au camp, c'était un autre risque. Nous ignorions tout de ce qui se passait au-dehors. L'idée d'un retour offensif de nos gardiens empoisonnait notre joie. Nous ne pouvions pas savoir que ce retour était impossible.

Quand même l'aurions-nous su, nous n'étions pas en état de raisonner. Enfermés comme des bêtes en cage depuis des mois ou des années, abrutis de misère, de faim et de peur, nous délirions. Quiconque n'est pas passé par là ne peut comprendre. Chaque camp était un asile de fous. On avait détruit en nous les réflexes normaux des hommes civilisés, anéanti notre personnalité, réveillé des instincts de bêtes. Nous souffrions de cette terrible névrose des camps dont plus d'un déporté ne réussit jamais à guérir. Dans ce bagne sordide du bout du monde, cerné par des territoires déserts, entouré de barbelés que nous supposions électrifiés, chaque conscience demeurait isolée et enfermée en elle-même et n'envisageait d'autre règle d'action que celle du sauve-qui-peut.

Le premier et le plus impérieux réflexe fut celui de la faim. Personne ne gardait plus les magasins ni les cuisines. On ne voyait plus, nulle part, un seul kapo. Nous nous sommes rués sur les vivres.

Pour ma part, je trouvai dans un sous-sol un tas de pommes de terre et j'en ramassai quelques kilos. Je me trouvais par hasard avec un Belge originaire de Bruxelles qui m'aida à transporter mon butin. Il devait être mon dernier compagnon de déportation. Je ne sais ce que trouvèrent les autres et je ne m'en occupai pas. Mes pommes de terre constituaient un fabuleux trésor. Nous avons, le Belge et moi, cherché un coin pour les cuire et les manger, avec la crainte qu'on vînt nous les arracher des mains.

Nous avons brisé les montants d'un lit et allumé un feu de bois. Sur ce feu nous avons mis nos patates à rôtir et nous les avons dévorées, à demi cuites. Jamais nourriture ne nous parut plus délicieuse. Au-dehors retentissait le bruit des portes qu'on brisait. Nous avons caché ce qui nous restait de pommes de terre et nous sommes sortis, à la recherche d'un autre butin. Partout il y avait des groupes qui se cachaient pour manger.

Il devait être dix heures quand un bruit de moteur nous a attirés vers les barbelés. Sur la route qui passait juste devant l'entrée, une auto-mitrailleuse avançait lentement. Nous avons tout de suite reconnu les étoiles américaines. L'engin s'arrêta à vingt mètres, l'arme pointée sur nous. En quelques instants, il y eut plusieurs centaines de bagnards poussant des clameurs et des appels dans toutes les langues, mais nul n'osait s'avancer au-delà des barbelés. La voiture demeura immobile cinq ou six minutes, puis le moteur gronda et les visiteurs se retirèrent en marche arrière.

L'espoir d'une libération immédiate venait de s'évanouir, mais nous pouvions désormais envisager l'avenir avec confiance. Les soldats vainqueurs, armés et casqués, je les avais vus, de mes yeux vus. On ne pouvait plus douter de leur présence. On pouvait raisonnablement supposer qu'ils occupaient toute la région. Il fallait tout de même attendre. Nous n'avions vu qu'un élément de reconnaissance. Peut-être la victoire n'était-elle pas encore entièrement acquise et les envahisseurs devaient-ils s'attacher à briser la résistance allemande, objectif assurément plus important que le sauvetage de quelques milliers de bagnards. Notre ignorance nous permettait de tout croire et de tout inventer, et je n'ai pas manqué de mêler mes hypothèses à celles de mes camarades, aussi absurdes les unes que les autres.

La journée passa ainsi, dans l'incertitude. Quinze cents hommes en liberté dans un bagne ouvert et n'osant en sortir. Des baraques sens dessus dessous, livrées au pillage, mille objets jetés à l'extérieur. *La Schreibstube* notamment où s'entassaient les archives était dévastée. La grande affaire pour nous était toujours de découvrir, de partager et de mettre en réserve des aliments. Nous ne savions pas encore que l'Allemagne avait déjà capitulé, nous ne savions rien. Il y avait un peu partout des malades incapables de se lever et que nous ne songions pas à secourir. Il y avait des morts qu'on n'avait pas encore emportés. Ils pourrissaient sous les lits. Nous ne savions que piller et nous gardions, jusque dans le pillage, nos méfiances et nos terreurs d'esclaves.

C'est dans l'après-midi qu'on découvrit deux kapos cachés dans une baraque. Ils n'avaient pas fui avec les autres, pendant la nuit. Ils espéraient sans doute se mêler à la foule des détenus au moment de l'arrivée des Américains, passer inaperçus dans le grand désordre de la libération et se faire rapatrier, chez eux, en Allemagne, comme victimes du régime nazi. Ils n'avaient pas prévu que les Américains tarderaient à occuper Gusen II, et que les détenus désœuvrés fouilleraient le camp dans ses moindres recoins.

Les deux hommes furent traînés hors de la baraque. Le mouvement de foule qui se produisit à ce moment-là m'attira de ce côté. Empoignés aux bras, aux jambes, à la tête par une bande de bagnards ivres de fureur, les deux kapos suppliaient et gémissaient, essayaient de parer les coups qui pleuvaient sur eux. On leur arracha leurs vêtements. Ils étaient corpulents et forts, visiblement bien nourris, capables de se défendre longtemps contre la meute de squelettes qui leur tombait dessus. Mais ils ne se défendaient pas, ils pleuraient, paralysés par l'épouvante, ils se protégeaient de leurs coudes comme des enfants punis. Les justiciers frappaient sauvagement, se gênant les uns les autres dans leur hâte, lançaient des coups de pied qui visaient le sexe, des coups de poing qui écrasaient la face. Ceux qui formaient le cercle des spectateurs hurlaient, les traits convulsés de haine, comme des déments. Les deux hommes disparaissaient au centre d'une mêlée qui se déplaçait au hasard des ruées. Bientôt ils tombèrent. Étendus sur le sol, entièrement nus, couverts de sang, la face en bouillie, ils criaient de toute leur voix. Les plus acharnés à frapper étaient des Russes. Ils se bousculaient pour approcher les victimes et les piétiner. On apporta de longues barres de fer qui se trouvaient près de là, parmi des matériaux de construction. Le cercle s'élargit autour des deux corps et les barres de fer entrèrent en action. Elles s'abattaient à grands coups, se heurtaient les unes les autres en résonnant, crevaient les ventres, faisaient jaillir le sang. Les suppliciés se tordirent longtemps sous ls coups, puis cessèrent de bouger.

Ce fut le dernier meurtre auquel j'assistai. Je n'y ai pas prêté la main, non par humanité, mais parce que j'étais trop faible pour manœuvrer les barres de fer et prendre ma place dans le cercle des tueurs. Plus vigoureux, je crois que j'aurais très volontiers participé à l'exécution.

Les deux cadavres, horriblement déchirés et baignés de sang, furent traînés par les jambes à l'intérieur d'un block.

Au matin du 8 mai à l'aube, la même auto-mitrailleuse que nous avions vue la veille arriva en grondant, mais, au lieu de se diriger sur le camp, elle continua directement vers l'est. Quelques instants après, un second engin apparut, suivant le même chemin. La nouvelle nous fut apportée par des camarades postés aux barbelés. Alors, avec cet ami belge qui, depuis la veille, ne me quittait plus, nous décidâmes de partir. Mon ami s'appelait Charles. Guère plus âgé que moi, il avait été lui aussi arrêté comme résistant, déporté à Oranienburg et évacué sur Mauthausen. Il avait moins souffert que moi, ayant été arrêté beaucoup plus tard, mais son désir de revoir son pays n'était pas moins vif que le mien. Déjà, la veille, il m'avait proposé un départ dans la nuit vers les lignes alliées. Il pensait, non sans raison, que nous serions rapatriés plus vite si nous prenions les devants, au lieu d'attendre, dans les files interminables de détenus qui allaient se former au camp, un tour de départ problématique. Je lui avais représenté cependant qu'un départ dans la nuit n'était pas sans risque. Nous ne savions pas si les S.S. ne se dissimulaient pas dans les parages. Seuls et désarmés, incapables de nous orienter, nous pouvions passer à portée de leurs fusils. Mieux valait attendre le jour et partir dans des conditions moins périlleuses. Il s'était rangé à mon avis. Vers sept heures, munis de quelques vivres, nous nous engagions sur la route déserte, suivant, en sens inverse, le chemin des blindés. Un écriteau nous indiqua bientôt la direction de Linz, à vingt kilomètres. Aucun doute, c'était là qu'il fallait aller. La grande ville autrichienne était aux mains des Américains.

Nous n'étions guère en état d'entreprendre une longue marche, mais l'espoir nous soutenait. Dans l'après-midi, nous avions couvert les vingt kilomètres et nous arrivions en vue des faubourgs. Émerveillés, ouvrant nos yeux tout grands sur un monde que nous ne savions plus imaginer.

Des civils marchant en liberté dans les rues, des enfants jouant sur les trottoirs, des femmes, des artisans et des boutiquiers devant leurs portes. Parfois, à travers une fenêtre ouverte, nous apparaissait l'image émouvante d'un intérieur familial. Il nous semblait inconcevable qu'il y eût encore au monde une chambre pour abriter l'intimité d'un couple, un lit avec des draps, un fauteuil, un berceau. Inconcevable qu'on pût circuler sans contrainte, sans marcher au pas, sans courber l'échine sous les coups. *La* ville, du moins dans les quartiers que nous avons vus, n'avait pas souffert des bombardements. Nous n'avons eu aucune peine à rencontrer des Américains. Il y en avait partout, avec leurs tenues de combat, leurs casques, leur énorme matériel. Nous allions vers eux, naïvement convaincus que nos loques de forçats attireraient leur attention fraternelle, qu'ils allaient nous accueillir, nous ouvrir leurs bras, nous secourir et nous rapatrier. Illusion ! Personne ne s'occupait de nous. Ceux à qui nous avons parlé, au hasard, faisaient signe qu'ils ne comprenaient pas. Nous ne parlions pas leur langue et ils avaient d'autres chats à fouetter. Nous admettions l'indifférence des civils autrichiens, sans doute abreuvés de propagande et mal disposés à notre égard, au surplus crevant de faim et faisant sans vergogne leur cour aux vainqueurs. Mais les troupes alliées ! Nous ignorions qu'il y avait à Linz d'autres déportés, échappés de plusieurs camps voisins, et que leur nombre submergeait déjà les services chargés de les recueillir.

Qu'importe, nous ne pouvions nous lasser de contempler les soldats. Leur présence faisait de nous des hommes libres. Ils étaient puissants et débonnaires, ils envahissaient les cafés, ils s'interpellaient en riant dans les rues, ils jetaient des bonbons aux petits Autrichiens. Bien nourris, propres, habillés de neuf, équipés comme jamais des soldats ne furent équipés. Leurs engins massifs et flambant neuf sillonnaient les rues. Leurs camions transportaient des montagnes de produits alimentaires. Et nous, nous errions dans les rues au hasard, fatigués et affamés, essayant vainement d'entrer en contact avec des gens qui ne nous comprenaient pas, qui n'avaient pas de consignes à l'égard des déportés et qui nous regardaient avec plus de méfiance que de pitié.

Nous supposions, dans notre simplicité, qu'un destin aussi cruel que le nôtre ne pouvait manquer d'être connu, que la condition monstrueuse des déportés soulevait l'indignation du monde entier. Nous nous apercevions avec surprise qu'il n'en était rien, que les gens ne savaient rien, que nous pouvions aussi bien passer, dans l'esprit de ces soldats, pour des malfaiteurs échappés de leur bagne. Brusquement, nous prenions conscience de notre néant.

Nous avons tout de même fini par trouver un sous-officier américain qui parlait l'allemand. Il sembla compatir. Il alla chercher deux paquets qu'il nous offrit et il nous quitta le plus simplement du monde en nous donnant de grandes tapes dans le dos. Les paquets contenaient des biscuits, du chocolat et des cigarettes.

*
* *

Nous avons sur-le-champ dévoré les vivres et fumé les cigarettes, émerveillés de cette abondance inconcevable. Hélas ! notre organisme débilité ne pouvait la supporter. Moins d'une heure après, nous souffrions du ventre. Le soir tombait. Nous commencions à nous demander avec inquiétude ce qu'il allait advenir de nous et d'abord si nous n'allions pas coucher dans la rue.

Mais voilà que nous apercevons un uniforme français. L'espoir nous soulève. Mais c'est un soldat très différent des combattants américains. Son uniforme est élimé et sale, ses molletières déchirées. Nous mettons un moment à comprendre qu'il y a à Linz un camp de prisonniers français et que notre homme en est un. Un homme jeune, assez émacié, souriant et amical. Il nous comprend. Il a déjà vu des déportés, mais c'est la première fois qu'il voit des déportés de langue française. Il nous emmène dans son camp. Il nous apprend que précisément les Américains concentrent les déportés au camp Magdalena, dans le secteur des prisonniers de guerre.

Notre ami nous présente à ses camarades. On nous fait fête, on nous donne de quoi manger, du pain, du lard, du sucre. On ne sait quoi faire pour nous être agréable. Ces hommes qui ont souffert pendant cinq ans comprennent que nous avons souffert plus qu'eux. Ils nous entourent, ils nous prennent dans leurs bras. Depuis longtemps, nous étions privés de cette chaleur. Depuis si longtemps que nous avons peine à le croire, que nous pensons vivre un rêve, que nous n'arrêtons pas de pleurer.

On nous trouve des lits, non des cages à poules superposées, mais de vrais lits, avec des sommiers et des matelas de laine. Où les ont-ils trouvés ? Peut-être dans une maison voisine, éventrée par une bombe. Dès le départ de leurs gardiens, ils se sont débrouillés pour s'accorder quelque confort. Nous en bénéficions, presque incommodés de ce bien-être insolite, de cette propreté, de cette souplesse du sommier sous nos reins martyrisés de bagnards, de cet espace surtout qui nous permet d'étendre bras et jambes.

Malheureusement je suis de plus en plus malade. Mon ami Charles est en meilleur état que moi et semble supporter assez bien le lard qu'il a mangé. Moi, non. Toute la nuit, une crise affreuse de dysenterie me ravage. J'en ai souffert bien des fois à Auschwitz, jamais à ce degré-là. Je suis obligé de me lever plus de cinquante fois dans la nuit. Le mal me vide et l'insomnie m'épuise. Au matin, je ne suis plus qu'une loque.

Le camarade français qui vient me voir et m'apporte un quart de café s'effraie de ma mauvaise mine. Il va aussitôt quérir deux médecins du camp, eux aussi prisonniers de guerre. On m'ausculte, on me palpe, on découvre mon corps squelettique qui porte encore les traces de la dernière bastonnade. Les deux praticiens me parlent avec douceur, ils me disent que ce n'est rien, qu'il n'y a pas lieu de me droguer. Du reste, ils n'ont pas de médicaments. Ils me recommandent de boire beaucoup, de ne pas manger de ce lard dont ils aperçoivent les reliefs près de mon lit. Ils insistent surtout pour que je reste couché.

Je n'aurai aucune peine à obéir. Le lard me fait horreur et je n'ai pas la force de me lever. Je n'ai même pas la force de répondre à leurs questions.

Au moment où ils se retirent, je vois l'un d'eux, près de la porte, faire une moue attristée, en réponse aux camarades qui les interrogent du regard. Il ne doit plus rester, dans l'esprit du toubib, la moindre chance de me sauver. Et tout se passe, en effet, comme au chevet d'un moribond. On m'assure que cela va passer, avec du repos et de la bonne nourriture, que bientôt je vais revoir Paris. On m'apporte du lait, car les Américains ont inondé le camp de leur lait en poudre, on se débrouille pour me trouver des fruits et des bonbons. Je commence à croire que je vais m'éteindre là, stupidement, à quelques heures d'avion de chez moi, après avoir surmonté tant d'épreuves. La rage me prend. Je décide que, si je dois crever, je crèverai chez moi, en France, pas ici.

Il faut croire que la volonté peut tout. Cette fois encore, je m'en tirerai. Non sans peine. Jamais je ne me suis senti si épuisé. Même aux plus sombres jours de Jaworzno et d'Auschwitz, lorsque mon délabrement me désignait aux sélections, je n'étais pas, comme à présent, sans cesse au bord de la syncope. Il me faut, pour soutenir mon effort, toute l'affection des camarades. Ils savent que j'ai besoin d'eux, ils ne me quittent pas, ils se relaient à mon chevet.

Un jour, ils m'apprennent que je devrais, normalement, rejoindre les déportés à Magdalena. On les maintient là en quarantaine. Les médecins américains qui redoutent, à bon droit, les épidémies n'entendent pas rapatrier des malades ou des porteurs de germes. Il est évident qu'on les soigne beaucoup mieux que je ne suis soigné ici. En bonne logique je devrais y aller. Je m'y refuse, je refuse la quarantaine, je veux rentrer le plus tôt possible, quitte à mourir en arrivant à Paris. Je sais que les prisonniers vont partir en priorité et j'entends rester avec eux.

L'un des deux médecins, qui vient m'examiner chaque matin, me dit que mon obstination est déraisonnable. Il s'engage à me conduire lui-même au camp des déportés et à user de son influence pour qu'on me réserve un traitement de faveur. Je dis non. L'idée de me retrouver dans le troupeau des bagnards me fait frissonner. Le médecin doit penser que j'ai cessé d'être lucide. Il n'insiste pas.

Si peu défendable que soit ma cause, on la défendra, non en faisant appel aux autorités, mais en usant d'un subterfuge. Les soldats français sont, par essence, débrouillards. Ils m'apportent une tenue de fantassin, plutôt défraîchie et un calot. Ils me trouvèrent aussi des chaussures. On me désigne la baraque où l'on prend les inscriptions et où l'on délivre les feuilles de route. Sim Kessel se lève péniblement, s'habille en troupier avec le secours de ses camarades et va prendre rang dans la file des rapatriables. Un sous-officier débordé l'enregistre comme soldat au N° Régiment d'Infanterie, prisonnier au *Stalag X*. Avec l'adresse civile, cela suffit. Je reçois un papier couvert de cachets m'affectant à un avion de transport américain qui doit décoller le surlendemain de la base aérienne voisine. L'ami belge en fait autant de son côté, car nous avons décidé de ne pas nous séparer.

Le tour est joué, mais je manque encore de m'évanouir en retournant dans mon lit.

Le surlendemain de grand matin, nous prenons la route. Il n'a pas été possible de nous donner un véhicule. Il faut donc faire à pied quinze kilomètres pour atteindre l'aérodrome, mais qu'importe ! Les camarades sont là. Ils m'entourent et me soutiennent. Quand il me faut m'arrêter et descendre dans le fossé, car je suis loin d'être guéri, ils m'attendent bien gentiment. Mais, à la longue, la peur de manquer l'avion leur fait hâter le pas. Ils avancent sur la route en me criant de les rejoindre. Dans l'état où je suis, c'est difficile. J'arriverai à l'aérodrome *in extremis*, une demi-heure après les autres, mais j'y arriverai tout de même. Je montre mon papier officiel, le seul papier que je possède, on me pousse aussitôt dans un énorme appareil, j'y retrouve mes amis. L'ivresse du départ effacera le souvenir de l'épreuve.

Voyage sans histoire. Quatre heures de vol. L'avion me dépose près de Reims et un camion me transporte dans cette ville. Je n'ai pas la patience d'y séjourner avec les autres. On nous a rassemblés dans un jardin public. Attendre le lendemain un autre véhicule militaire, impossible. Il me semble que je mourrai avant. Sans rien dire, je fausse compagnie à tout le monde et je cours à la gare. Au bagne, j'ai pris l'habitude de ces façons furtives de prendre le large et l'idée que ma conduite est incivile m'effleure à peine. À la gare, j'ai quelque peine à prendre le train, mais j'y parviens. Un train bondé où je m'étendrai dans le couloir, à même le plancher. À mesure que j'approche du but, une angoisse m'étreint, la dernière, l'angoisse que depuis des jours je m'efforce d'étouffer : mes parents. Mes parents sont-ils encore en vie ? Séparés d'eux depuis plus de trois ans, je ne sais rien, je n'ai jamais eu aucun moyen d'avoir de leurs nouvelles tant que j'étais détenu. Pendant mon séjour à Linz, je n'ai pas écrit, trop malade pour tenir une plume et, en outre, épouvanté à la pensée que ma lettre me reviendrait avec la mention « inconnu ». Allongé de tout mon long dans le couloir, je compte les minutes. J'espère, en arrivant à la gare de l'Est, trouver aussitôt un taxi qui m'emportera place Daumesnil. Mais non, je suis à peine descendu sur le quai que je dois montrer ma feuille de route. Il y a un service d'accueil pour les prisonniers rapatriés, des hôtesses qui servent des sandwiches, des officiers qui donnent des ordres. Je n'ose rien dire, malgré mon désir de m'esquiver, encore dominé par ma vieille peur de forçat roué de coups, et je me mets docilement en rang avec les autres. Les camions nous emportent.

Je me retrouve au Gaumont. On a réquisitionné la grande salle pour les prisonniers. On nous gâte, on nous dorlote, on projette pour nous des films. La fatigue aidant, je me suis laissé aller à dormir dans mon fauteuil, pendant que Laurel et Hardy passaient sur l'écran. La lumière revenue, des hôtesses passent entre les rangs, avec des corbeilles. Et une fille que je ne connais pas s'arrête devant moi, les yeux agrandis d'étonnement et de pitié.

— Mais dans quel *Stalag* étiez-vous ?

Je suis en effet dans un état de délabrement physique qui dépasse l'imagination. Les gars qui m'entourent ne s'en soucient pas, tout occupés qu'ils sont de leurs problèmes personnels. Il faut cette fille au regard attentif, qui me présente sa corbeille remplie de fruits. Elle a vu des prisonniers amaigris, pas à ce point. J'hésite à répondre à sa question. Elle insiste.

— Je n'étais pas dans un *Stalag*.

— Comment ?

— J'étais à Auschwitz.

La fille reste un moment, interdite, puis elle s'en va rendre compte aux autorités. Un officier à deux galons, escorté d'infirmières, arrive, m'interroge, m'apprend que je n'ai rien à faire au Gaumont, que je dois rejoindre l'hôtel Lutétia où l'on accueille les déportés.

Me voilà dans une ambulance commandée pour moi. Une infirmière pour m'accompagner. Allons, ce n'est pas encore ce soir que je reverrai les miens. À l'hôtel Lutétia, un autre officier m'interroge longuement, me demande des détails précis sur la vie des camps, à quel bras j'ai été tatoué, etc. Il semble qu'on se méfie, qu'on craigne les imposteurs. Ma bonne foi est reconnue. J'ai droit à un lit dans une chambre luxueuse, à des soins, à des médicaments. Toujours craintif devant l'autorité, pas encore réadapté à la bonté humaine, je reçois les soins avec la même passivité que je recevais les coups. Il me faudra beaucoup de temps pour réapprendre les attitudes et les réactions des hommes normaux. Je n'ose rien dire, rien demander, j'ai peur. Et pourtant j'ai un besoin immense, éperdu, de retrouver mes parents.

Au matin, de très bonne heure, je m'évade. Une fois de plus. Je sors furtivement de ma chambre, puis de l'hôtel, étonné du succès de mon entreprise. Je rentre dans un café d'où je téléphone à mon ancien chef de réseau. Comment n'y ai-je pas pensé plus tôt ? C'est sa femme qui me répond, toute surprise et joyeuse de reconnaître ma voix. Mes parents ? Mais oui, ils sont en vie, ils se portent bien…

J'apprendrai par la suite que le réseau les a pris en charge, soutenus, protégés, qu'il leur a fourni tous les documents qu'il fallait. Merveilleuse solidarité de la Résistance.

Quelques heures après, j'embrasse enfin mes parents, non pas chez eux, mais à Villeparisis où ils se sont temporairement installés. Sans eux, je n'aurais peut-être pas réussi à retrouver la joie de vivre.